V. REYNAUD

LA

Réforme Hindoue

ESSAI SUR LE BUDDHISME

1929

PARIS

Prix : 30 fr.

STATUE DU BUDDHA

ART KHMER

La Réforme Hindoue

ESSAI SUR LE BUDDHISME

V. REYNAUD

LA
Réforme Hindoue

ESSAI SUR LE BUDDHISME

Histoire générale. — Vie légendaire du Buddha. — Littérature buddhique. — Doctrine. — Philosophie. — Les Ecoles et les sectes. — Appendice : Les Traditions orientales et le buddhisme (diagrammes)

LES ÉDITIONS ADYAR
4, SQUARE RAPP, 4
PARIS (VIIe)

—

1929

BUDDHA-DHARMA

« Cela seul peut être considéré comme ayant été enseigné par le Buddha qui n'est pas en contradiction avec la Raison ».

Proposition adoptée par le Conseil de Vaisali.

« S'abstenir de toute action malfaisante.
« Générer ce qui est bon.
« Purifier son esprit.
« Tel est le conseil constant des Buddhas ».

Sutta-Pitaka.

INTRODUCTION

Buddha-Dharma. — Exposition générale.

ORIGINES.

En étudiant l'histoire religieuse et philosophique de l'Inde, on trouve un double courant, issu de deux sources différentes :

La première est représentée par la partie finale des *Védas*, comprenant les *Aranyakas* et les *Upanishads*, bases des philosophies spiritualistes de l'Inde.

La deuxième source est le folklore des populations primitives, d'origine non aryenne. Ces traditions se mélangèrent aux croyances orthodoxes concernant les dieux védiques, les dénaturèrent et aboutirent à la création de la mythologie touffue que l'on connaît sous le nom de panthéon hindou.

Le premier courant, à tendances savantes et métaphysiques, demeura l'apanage des hautes castes. Il représente l'élément aristocratique.

Le second courant, démotique, issu par transformations successives des superstitions populaires unies aux traditions védiques, devint la religion du peuple, qui tend toujours à anthropomorphiser les forces de la nature.

On trouve donc trois traditions religieuses dans l'Inde :

1° Le pur védisme, ayant deux lignes dérivées;

2° Le brahmanisme sacerdotal;

3° L'hindouisme, religion populaire.

Les brahmanes, malgré leurs spéculations philosophiques, ne manquaient pas de sens pratique. Ils se prêtèrent à la transformation du pur culte védique en de multiples sectes religieuses, à tendances souvent fâcheuses pourvu, toutefois, que le caractère sacré des Védas fût toujours reconnu et l'autorité des prêtres maintenue.

Brahma n'était-il pas derrière toutes les manifestations?... Les prêtres connaissaient la Vérité, l'enseignaient à leurs disciples, qu'importaient les superstitions populaires!

Cette politique habile fit, peu à peu, de la caste des brahmanes une théocratie toute puissante.

Les prêtres étaient devenus les conseillers des Rois (*rajas*), les maîtres des foyers domestiques, car les sacrifices qui, primitivement, étaient l'apanage des chefs de famille, avaient cessé d'être un privilège familial pour devenir des fonctions sacerdotales, exigeant obligatoirement la présence de brahmanes.

On connaît l'importance des sacrifices dans la vie de l'Hindou, dont toute l'existence est réglée selon la succession de rites religieux qui l'accompagnent depuis la conception jusqu'à la mort et le suivent dans l'au-delà, les cérémonies funèbres étant les plus importantes de toutes.

L'autorité des brahmanes avait suivi la marche ordinaire des choses humaines. S'appuyant sur les lois de Manu, qui avait divisé la population de l'Inde en l'enfermant dans le système rigide des castes, les prêtres gouvernaient. Ils possédaient la puissance temporelle et s'enrichissaient, grâce aux sacrifices dont ils s'étaient arrogé la charge rémunératrice.

Quant au peuple, il sombrait dans les formes religieuses d'une mythologie plus sensuelle que spirituelle.

Un tel état de choses devait fatalement amener une réforme.

Elle eut lieu au VIe siècle avant l'ère chrétienne et eut pour protagoniste celui que l'Histoire connaît sous le nom de prince Siddhartha Gautama.

ÇAKYA-MUNI, LE BUDDHA.

A cette époque, les conditions propices à l'avènement d'un nouveau mouvement religieux étaient réalisées dans l'Inde. Le déséquilibre entre la caste des brahmanes et le reste de la population ne pouvait persister.

Les Maîtres du pays, par leurs abus de pouvoir, avaient préparé le terrain pour une réforme religieuse et sociale.

Le grand Sage qui entreprit la tâche difficile de donner à ses compariotes une émancipation complète, basée sur l'exercice de la raison, la justice, la compassion, allait réussir à fonder une religion philosophique, destinée à compter près de 600 millions d'adhérents.

Et cependant, ce n'est pas dans sa patrie qu'Il devait avoir le plus grand nombre de fidèles, car le buddhisme, âprement combattu par le brahmanisme orthodóxe, dut émigrer, se réfugiant vers les hauts plateaux de l'Asie, descendant vers le Sud, à Ceylan, remontant vers la Chine, la Corée, s'étendant au Japon, s'implantant dans l'Indochine, devenant la religion des contrées du Nord : Mandchourie, Mongolie, Thibet, et arrivant à unir sous la Loi du Buddha la plus grande partie de la race jaune.

Car, si les populations de ces divers pays ne pratiquent pas toutes le buddhisme intégral, elles sont imprégnées de son esprit.

On peut se demander avec étonnement ce qui a valu une telle bonne fortune à une philosophie plutôt austère et décevante.

La raison doit en être trouvée dans la tolérance pratiquée par les buddhistes qui, au lieu d'essayer de convertir les peuples à leurs théories, en repoussant les cultes autochtones, les ont, au contraire, assimilés, se fondant pour ainsi dire en eux.

C'est ainsi que le *Laôisme* chinois est devenu le *Taôisme*, par adaptation du buddhisme à la philosophie de Lao-Tseu. Le *Shintoïsme* japonais s'est teinté de théories buddhistes et a admis certains dieux de la nouvelle religion.

Au Thibet, citadelle du buddhisme du Nord, c'est par l'adoption de traditions venant de l'ancienne religion du pays, puis de rites du Lamaïsme, que la philosophie de Çakya-Muni a subi la curieuse transformation qui en a fait une religion formelle, appuyée sur une théocratie, qui réunit les pouvoirs spirituel et temporel.

Ce qui pourrait étonner grandement son illustre fondateur, qui n'avait pas cherché à détruire le pouvoir de la caste sacerdotale pour le retrouver maître tout-puissant d'un pays, gouverné par des disciples qui se réclament de son nom, Lui, le Maître ennemi de toute forme religieuse, de tout rituel, de toute superstition !

Car, si les savants buddhistes, les religieux Lamas réprouvent toutes ces choses, ils les admettent fort bien chez leurs subordonnés, se livrant à la même politique habile qui avait été vigoureusement combattue par leur Instructeur.

Mais, qu'était-il, au juste, cet Instructeur ?

Il est assez difficile de se faire une idée nette à son sujet. Sa vie est entourée de légendes extraordinaires, dans lesquelles il n'est pas aisé de faire la démarcation entre l'histoire et le mythe (1).

Tout d'abord, la race à laquelle il appartenait n'est pas fixée complètement. On dit qu'il était issu d'une peuplade de Kschatryas, deuxième des castes hindoues, ce qui ferait de Lui un pur Aryen.

Ses innombrables statues sont de styles différents; elles suivent les types adoptés dans les régions où elles ont été faites.

Les textes ne s'accordent pas à son égard; certains le dépeignent comme ayant eu la peau jaune orange, ce qui l'apparenterait à la race mongolique.

Les cheveux frisés, dont beaucoup de ses effigies sont

---

(1) On a été jusqu'à mettre en doute son existence réelle, ainsi que cela a eu lieu pour le fondateur du christianisme.

ornées, dénoteraient un sang mêlé, une descendance peut-être lointaine, mais certaine, de la race noire autochtone qui peuplait l'Inde avant la descente des Aryens.

Il est difficile de se prononcer à cet égard.

Son apparence est pleine de douceur, de sérénité; son visage, presque toujours beau, est pensif, presque triste, son sourire désabusé.

Il est représenté généralement, dans la force de l'âge, plutôt assez replet. On sait qu'il a vécu très âgé, cependant les artistes ne lui ont pas donné les attributs de la vieillesse. Une seule statue le montre très jeune, celle du « Jo » dans la cathédrale de Lhassa.

Des événements de sa vie, on doit retenir les principaux : sa naissance royale, son mariage, sa sortie, révélatrice des maux humains, sa conversion, sa vie errante, son illumination, son long apostolat.

Quant aux faits miraculeux, relatés dans son existence, ils sont évidemment issus de l'imagination populaire, qui entoure les fondateurs de religion de légendes merveilleuses. Cependant, il n'y a pas que traditions poétiques, mais aussi une affabulation reposant sur des faits réels, quoique magnifiés, et aussi des mythes, analogues à ceux qui accompagnent les grands Êtres qui ont joué un rôle exceptionnel dans l'histoire de l'humanité.

Dans cette étude, la vie légendaire du Buddha est présentée telle qu'on la trouve généralement. Il va sans dire que le lecteur interprétera les faits comme il l'entendra; ils ne lui sont pas offerts comme étant des vérités historiques, sauf pour quelques points partout admis.

La date de la naissance est flottante, les diverses écoles ne la plaçant pas à une année fixe. De même pour celle de la mort, qui suit la date choisie pour la naissance. La tradition lui accorde une existence d'environ 80 ans. Les artistes l'ont représenté, assis à l'orientale sur un lotus, placé sur un soubassement de trois socles superposés, ils ont placé sur son front un point saillant,

de même sur le sommet de la tête, où ce point, beaucoup
plus grand, forme une protubérance assez élevée. Parfois, elle est remplacée par une petite touffe de feuilles,
ou plutôt un faisceau de flammes paraissant sortir de
la tête. Selon les écoles, ils ont mis dans sa main un
lotus, parfois un globe ou une grenade. D'autres fois,
sa main levée fait le signe dactylologique de la bénédiction (deux doigts levés, correspondant à la lettre I,
symbole masculin de la vie), l'autre main, baissée, rapprochant le pouce et l'index en cercle, forme le signe
dactylologique O, l'infini (statues du Buddha de l'époque gréco-hindoue).

L'I, principe actif, associé à l'O, donnent le chiffre
10, nombre de la création : les $3 + 7 = 10$.

Dans un autre sens, I remplace l'alpha grec; joint
avec O, oméga, donne l'alpha et l'oméga christique.

Une autre interprétation correspond à I, verticale cou-
pant le cercle = vie manifestée, et aussi séparation des
sexes, dans la troisième race mère, selon la tradition
archaïque, dont dérive la théosophie moderne.

La lettre I et le cercle remplacent aussi la croix ansée
des Egyptiens, le nœud d'Ank et le pasha de Shiva. Lorsque le Buddha porte un lotus, il tient le symbole de la
vie dans les trois mondes, indiqués aussi par son triple
piédestal. La grenade, symbole féminin, l'apparente à
Kwannon, la mère du monde.

Le globe est le monde.

Le point au milieu du front est symbole d'initiation.
Il a la même signification que l'Urœus des Egyptiens,
indiquant la mise en activité du corps pituitaire (hypo-
physe), nécessaire à l'obtention de la vision astrale.

La protubérance du sommet de la tête, ou le faisceau
de flammes qui souvent la remplace, marque l'illumination suprême, correspondant à la vivification de la
glande pinéale (épiphyse) par le pouvoir de Kundalini
(le serpent de feu des livres tantriques).

Quant aux cheveux crépus, ils peuvent se rapporter
à la chevelure du Buddha, si réellement il était de des-

cendance semi-noire (ou dravidienne). Mais, on a peut-être voulu indiquer ainsi l'auréole formée autour de la tête par l'épanouissement du grand lotus à 1.000 (ou 976) pétales : le Sahasrara (1).

Le Buddha est généralement représenté entouré d'une sorte de coquille dans laquelle il est placé comme dans une niche. Cet ovoïde, de taille plus ou moins grande, indique l'aura subtile interpénétrant et dépassant le corps du Maître. Si des couleurs sont marquées, elles se rapportent à celles de l'aura, qui sont étagées selon l'ordre où elles sont données par le prisme décomposant la lumière blanche. Tout ce symbolisme, entourant les images du grand réformateur oriental, est la preuve de la vénération dont il a été entouré par ses fidèles et par les artistes qui se sont efforcés de transmettre ses représentations figuratives en les entourant des symboles de la plus haute initiation (2).

Grand Initié, assurément le Buddha l'a été. Pourtant, sa réforme a dépassé le but, car elle a été une révolte, non seulement contre la caste sacerdotale de l'Inde, mais aussi un abandon de la tradition religieuse et une désorganisation sociale. S'appuyant sur la caste de *Kshatriyas*, celle des guerriers, représentant le pouvoir exécutif opposé au pouvoir spirituel des *Brahmanes*, la révolte gagna les autres castes, celle des *Vaisyas*, producteurs de richesses, enfin les *Sudras* ou artisans.

Ce soulèvement général contre la caste sacerdotale aboutit à la création d'un gouvernement centralisateur d'origine démocratique, réalisé par Tchandra-Gupta, et atteignant le point de plus grande splendeur sous Asoka, le célèbre empereur buddhiste. Mais cet empire ne put se maintenir. Privée de son organisation en castes, qui,

---

(1) Consulter au sujet des lotus ou chakrams le livre : *Les trois Activités humaines*, de V. Reynaud.

(2) Il est intéressant d'indiquer que, par une audace vraiment géniale, les Brahmanes reconnurent Çakya-Muni comme étant le neuvième Avatar de Vishnu incarné dans la personne du Buddha afin de mener à leur perte les impies, en leur enseignant de fausses doctrines, contraires au brahmanisme.

assurément, étaient oppressives, mais avaient l'avantage de servir de cadres puissants, maintenant l'unité de pays, l'Inde se trouva bientôt en proie à l'anarchie et fut désormais asservie à tous les conquérants qui voulurent s'en emparer.

Une époque de grand rayonnement eut encore lieu sous Vikramaditya, puis les invasions commencèrent, mélangeant à la tradition hindoue (*védisme* et *brahmanisme*) les idées religieuses et sociales des Mongols, puis des Musulmans.

La dégénérescence du brahmanisme, devenu l'hindouisme, et les apports étrangers, modifièrent profondément la vie de l'Inde, qui finit par s'endormir dans un sommeil dont elle essaie seulement maintenant de se dégager.

Quant à la réforme buddhique, qui était à l'origine de ces changements, elle ne se maintint pas dans son pays d'origine, et c'est à l'étranger qu'elle était destinée à régner, mais sous des formes si altérées qu'il est souvent difficile de croire qu'elles se rattachent directement aux enseignements de Çakya-Muni.

Si l'on étudie avec quelque soin les déformations subies par le buddhisme, du fait même de sa diffusion au sein de populations très différentes des hindous contemporains du Buddha, on trouve qu'il y a néanmoins certains principes qui sont adoptés par l'ensemble de ses fidèles.

Ces principes sont ceux du buddhisme primitif. Ils demeurèrent immuables, malgré les changements dans la doctrine amenés par les rédactions, suivies de commentaires, des quatre conciles buddhiques.

Et aussi par les adaptations de cette philosophie aux cultes locaux des pays dans lesquels elle s'implanta.

Ces principes, qui sont les articles de foi de tout buddhiste sincère, sont simples et fort courts.

Ils sont résumés dans ce que l'on nomme les « quatre nobles vérités » et le « noble octuple sentier ».

Les quatre nobles vérités sont :

Arya-Satiani.
- La douleur.
- La connaissance de la douleur.
- La cause de la douleur.
- La destruction de la douleur.

La douleur existe. Elle consiste à subir ce que l'on hait et à être privé de ce que l'on aime.

La cause de la douleur est dans l'ignorance, le désir, l'acte.

L'ignorance fait méconnaître la valeur exacte des choses, amène le désir déréglé, qui est suivi par l'action.

Telles sont les quatre simples vérités, fondement du buddhisme.

Le noble octuple sentier se résume dans la vue juste de ce qui est utile pour éviter la douleur.

Il comprend :

- La croyance vraie.
- La pensée vraie.
- Le langage véridique.
- L'action vraie.
- Les vrais moyens d'existence.
- L'effort loyal.
- Le souvenir vrai et la discipline intérieure.
- La méditation ou concentration de la pensée.

L'enseignement est, comme on le voit, basé sur la morale la plus pure, guidé par la vue juste.

La vérité est une note fondamentale de la doctrine, qui exige, pour être bien observée, une habitude constante de l'attention, sur soi-même et sur les autres : introspection, observation.

L'ensemble des quatre nobles vérités et de l'octuple sentier forme le premier degré ou Dharma (devoir). La suppression de la douleur est obtenue par la cessation des attributs de l'être, qui proviennent de la chaîne des douzes anneaux, ou *Nidânas,* formant la succession des causes et de leurs effets et régissant l'existence manifestée.

L'être n'a pas de réalité en soi; tout en lui est un flux perpétuel, un agrégat constamment modifié de tendances et d'attributs. L'Ego n'existe pas, en tant qu'entité permanente. L'être, tel qu'il apparaît, n'a pas de durée assurée. S'il persiste, c'est dans des conditions différentes, amenant des agrégations autres, qui seront *lui et pas lui*.

Il n'y a pas de soi distinct des attributs. De même, il n'y a pas de Dieu créateur, doué d'attributs personnels.

Le monde, qui est éternel, évolue de par la loi propre de son existence, sans qu'une intervention étrangère soit nécessaire pour sa création ou sa conservation : il a toujours été, toujours il sera.

Le détachement de l'être éphémère et la connaissance de la vérité sont les voies menant à la cessation de la douleur.

La libération est l'acquisition de la vérité qui délivre l'être des entraves de l'ignorance, cause de toutes les douleurs.

Les liens, bons ou mauvais, doivent être brisés, car tous enchaînent l'homme à la roue des renaissances. Non qu'il renaisse tel qu'il est, puisqu'il n'existe en lui rien de permanent, mais les causes qu'il a générées ramèneront en manifestation un être, qui sera lui et pas lui, au même titre qu'une flamme éteinte et rallumée est toujours la même, quoique semblant être différente.

Le système, dans son ensemble, est décevant pour la mentalité européenne, qui n'y trouve pas de point d'appui pour se reposer.

Ni Dieu, ni Ego personnel, rien qu'un Nirvâna assez peu compréhensible. Le tout n'est guère consolant pour l'homme, qui espère se survivre consciemment; car, cette vérité dans laquelle le Nirvâni est plongé, qu'est-elle au juste et que reste-t-il au disciple du Maître oriental, lorsqu'il a atteint le but suprême?...

Présenté sous cette forme, le buddhisme apparaît

comme un système recommandant les meilleures méthodes à suivre pour arriver à un suicide « psychique ». Car, s'il est vrai que, selon les écritures buddhiques, l'homme devient ce à quoi il pense, il semble trop que cette horreur de la vie, ce désir du non-être, ne peuvent mener qu'à l'anéantissement final.

Que cette doctrine ait trouvé des partisans enthousiastes en dit long sur la mentalité désabusée des peuples orientaux.

La vie leur semblait donc si peu enviable qu'ils n'aient eu qu'un rêve : s'en délivrer le plus promptement possible?...

Cependant, cette brève exposition du buddhisme ne donne que son aspect primitif, le plus austère, ce qui reste de sa note fondamentale.

Car, il ne tarda pas à recevoir des adjonctions qui le métamorphosèrent peu à peu, et firent d'une philosophie nihiliste une religion véritable, ayant des dieux des déesses et même un dieu central, revêtant dans certains cas l'aspect d'une trinité.

Tant il est vrai que l'esprit humain ne se contente pas d'abstractions, mais recherche inlassablement des réalités moins subjectives qu'un Nirvâna problématique.

Quoi qu'il en soit, et malgré les affabulations diverses qu'il a revêtues, le buddhisme est rattaché à son fondateur par les points fondamentaux qui viennent d'être exposés, pour résumer la doctrine.

Ils sont partout acceptés, même par les adeptes allant porter leurs offrandes aux nombreuses divinités qui n'ont jamais eu rien de commun avec les théories de Çakya-Muni.

HISTOIRE

CHINE.

Le buddhisme fut âprement combattu par le brahmanisme orthodoxe, dont il lésait les intérêts. Il fut donc obligé d'essaimer, se répandant dans les contrées limitrophes.

Il eut besoin de s'adapter à des mentalités autres que celles de l'Inde.

Dans son essence, il est individualiste. Il allait avoir affaire à des populations communistes, habitant l'empire chinois et ses dépendances.

De là naquirent de grands conflits d'idées et une opposition marquée à son extension.

Confucius, presque contemporain du Buddha, avait fait adopter par la Chine sa philosophie rationaliste, appuyée sur une doctrine communiste qui, dans l'organisation chinoise, représentait seulement une forme stabilisée de la vie patriarcale et nomade des Mongols, parcourant avec leurs troupeaux le désert d'herbes de la grande Tartarie.

Le confucianisme est un système dualiste et une philosophie de la nature.

Il proclame l'immanence de l'Un, et place l'homme comme un point central entre le ciel et la terre.

L'harmonie de la vie est la fin suprême.

L'homme est Dieu.

Reposant sur l'unité sociale qu'est la famille, le communisme chinois alla jusqu'au partage des terres sous certains empereurs. Il exige le sacrifice de l'individu à la collectivité.

Dans son ensemble, le confucianisme est une philosophie essentiellement morale.

Le philosophe Lao-Tseu, contemporain et rival de Confucius, élabora un système spiritualiste apprenant à l'homme à se libérer des entraves de la convention et à se retirer en lui-même pour atteindre la vie impersonnelle, le Tao, existant dans tous les êtres.

Lao-Tseu enseigna la relativité des choses et la mutabilité des formes; sa philosophie est individualiste, par cela et par beaucoup de ses enseignements, elle se rapproche des doctrines hindoues, et surtout du buddhisme.

Pour ces raisons, ce fut le laôïsme qui prépara les voies, en extrême Orient, à l'invasion buddhique.

Mais, ce ne fut pas sans de longues luttes intellectuelles que le buddhisme réussit à s'implanter dans le pays des Fils du Ciel, et plus tard dans le Royaume du Soleil Levant.

Les dynasties chinoises protégèrent l'impérialisme contre la réaction individualiste de Lao-Tseu et de Ça-kya-Muni.

La liberté de pensée revint sous forme de transaction à l'apogée des conversationalistes vers la fin de la dynastie Han.

Des commentaires furent ajoutés au Tao-te-King, la liberté devint un principe essentiel et le culte de la nature fut exalté.

On trouve ainsi en Chine deux courants établis vers le commencement de l'ère chrétienne :

1° Le confucianisme, rationaliste, dualiste, communiste;

2° Le laoïsme, spiritualiste, individualiste, à tendances métaphysiques et poétiques.

De plus, la population, d'origine mongole, avait conservé les traditions des nomades. Devenue sédentaire et agricole, elle gardait la mythologie des Touraniens, la crainte des esprits errants, la croyance en un Dieu patriarcal, dispensateur d'un destin réglé mathématiquement.

Elle avait en honneur la science des astres et, prédominant par-dessus tout, le sens de la fraternité.

Tel était le terrain sur lequel le buddhisme était destiné à devenir florissant, mais en subissant de profonds changements, pour s'adapter à la mentalité de peuplades imbues de superstitions concernant la magie et la sorcellerie.

D'autre part, la partie savante du peuple suivait la doctrine de Confucius, dont l'enseignement, devenu officiel, conférait le droit aux postes de l'empire, obtenu selon les différents degrés du mandarinat que les aspirants avaient atteints.

Enfin, les laoïstes était nombreux et représentaient l'élite philosophique et spiritualiste de la Chine.

Dans son pays d'origine, le buddhisme avait pris rapidement une grande extension, puis avait été combattu. Mais il avait connu une période très brillante sous le célèbre empereur Asoka, qui envoya des missionnaires pour répandre la nouvelle doctrine.

C'est ainsi qu'une ambassade parvint en Chine sous le premier empereur Thsin, mais sans grand résultat.

Ce ne fut que vers 59 après l'ère chrétienne que des écritures buddhiques furent reçues officiellement par le savant chinois Saïan, qui les tint d'un envoyé de Kaniskha, roi des Gêtes et organisateur du quatrième concile buddhique.

Saïan alla ensuite chez les Gêtes, vers 64, revint en 67, accompagné de deux moines buddhistes, apportant des documents et des images.

Un monastère buddhiste fut fondé. Plus tard, d'autres moines hindous vinrent en Chine, puis une ambassade en 159.

Une traduction des écritures de l'Ecole du Nord fut faite.

A la fin du III° siècle, la traduction de l'Amida Sutra était terminée. En 399, Fa-Hian rapporta de l'Inde le texte complet du Vinaya. Houen-Thsang, au VII° siècle, traduisit près de 600 ouvrages buddhiques. L'invasion des Huns et des Mongols, sous les deux dynasties, amena le développement du buddhisme, déjà adopté par les tribus nomades de la Grande Tartarie, mais sous une forme accompagnée de superstitions et très différente de la version philosophique suivie par la Chine du Sud.

Du VIII° au XIII° siècles, les écoles chinoises se développèrent et le buddhisme devint prépondérant, ses doctrines s'étant infiltrées dans les deux autres cultes pratiqués par la population chinoise.

LAOISME.

C'est au début des six dynasties que Liou-Siéou-Tsing et Kwan-Chien-Tsen organisèrent la taôisme. Ils adaptèrent la philosophie de Lao-Tseu au rituel buddhique pour gagner la faveur du peuple.

En sorte qu'à partir du iii° siècle il existait deux écoles philosophiques autochtones :

1° Le confucianisme; 2° Le laôisme.

Plus deux courants buddhistes :

1° Celui du Sud, provenant directement de l'Inde et répondant au Hinayana (petit vaisseau de salut);

2° Celui du Nord, mélangé de traditions populaires : Mâhâyana (grand vaisseau de salut).

Servant de lien entre les philosophies chinoises et les écoles buddhistes du Sud et du Nord, on trouve alors le Taoïsme.

Enfin, des Mongols, dirigés par Kublaï-Khan, s'établirent dans l'empire chinois, y introduisant le lamaïsme ou tantrikisme thibétain.

Plus tard, une nouvelle formule vint encore modifier le buddhiste chinois, celle du tantrikisme bengalien.

Ces diverses écoles existent encore en Chine. Cependant, le pur laôisme a cédé la place au Taôisme.

Quant aux pays vassaux de la Chine : Mandchourie, Mongolie, Thibet, ils suivent la tradition du Nord.

On peut résumer les vicissitudes du buddhisme chinois en le divisant en deux zones d'influences différentes :

1° Celle du Nord se rattachant aux écoles religieuses, formalistes, tantriques.

2° Celle du Sud, répudiant les rites et les formes religieuses, reconnaissant l'existence du Buddha dans chaque âme et recommandant le développement de la vie intérieure qui mène à l'union buddhique.

Elle dédaigne les catégories et recherche le contact avec la nature.

Rattaché à l'Ecole Mâhâyana, le buddhisme chinois du Nord s'est altéré en adoptant les divinités locales, comme il l'a fait dans les autres pays où il a réussi à s'implanter.

Les prêtres, buddhistes chinois, sont appelés **Ho-Shangs**. Fort ignorants, ils se livrent à la magie, à la divination, comme le font les lamas du Thibet. Ils officient aux funérailles, récitent des litanies, psalmodient les livres sacrés dans les cérémonies familiales, prient pour le salut des morts. En général, ils sont peu estimés à cause de leur vénalité et de leur tenue négligée.

PANTHÉON BUDDHIQUE CHINOIS.

On retrouve, en Chine, la série des Buddhas et des Bodhisattvas du Mahayana. Et aussi les divinités hindoues, révérées sous d'autres noms, comme cela existe pour les différentes sectes et écoles provenant des nombreuses migrations du buddhisme.

Certains dieux buddhiques sont admis par le taôisme, qui a dû les accepter à cause de leur grande popularité.

Les principaux sont :

Yama, le dieu des morts.

Manjouçri (Ouen-Chou), la science.

Avalokiteshwara (Kwann-Yin), déesse de la charité, de la compassion, adaptation féminine du Tchenresi thibétain.

Amitabbha Buddha (O-mi-tô-Foh) est révéré comme lumière suprême. C'est le premier terme de la Trinité buddhique chinoise, complétée par Maîtreya (*Mi-lô-poo-Sa*), et Çakya-Muni (*Shaka*).

Partout où la forme chinoise est répandue, les saints buddhistes sont admis, au même rang que Confucius et ses disciples, que les Tchens ou saints du taôisme, les dieux du panthéon chinois et les génies populaires.

Quelques cérémonies, (spécialement les funérailles), sont célébrées selon les rites buddhiques, ce qui rattache, dans son ensemble, l'empire chinois au buddhisme, quelle que soit la religion suivie par les membres de la population.

INDOCHINE.

Les peuples habitant l'Indochine se rattachent aux deux aspects du buddhisme :

1° Philosophique : Siam, Birmanie;

2° Formalisme religieux : Annam, Cambodge, Tonkin, Cochinchine.

Quoique représentant, dans leur ensemble, la doctrine du Sud, leur conversion au buddhisme ne date pas pour tous de la même époque. Le Siam et la Birmanie furent des conquêtes de la première heure, ayant adopté la religion nouvelle au II° siècle environ avant Jésus-Christ. Tandis que les quatre autres pays furent convertis plus tard, grâce à des missionnaires venus le plus souvent de la Chine, qui leur apportèrent une doctrine forcément moins pure que celle de la Birmanie et du Siam qui provenait directement de l'Inde. C'est pourquoi il faut séparer l'Indochine en deux groupements légèrement différents l'un de l'autre.

CEYLAN.

Les missions envoyées par l'empereur Asoka amenèrent la conquête de Ceylan, du Siam, de la Birmanie, qui se rattachent au Hinayana.

Les conquêtes plus récentes, Chine, Corée, Mongolie, Mandchourie, Japon, Thibet, font partie du Mâhàyana.

L'île de Ceylan passe pour avoir conservé la doctrine primitive assez purement. Il n'y a pas de hiérarchie sacerdotale. Les moines vivent en cénobites et suivent les règles du Sangha.

Ils révèrent Çakya-Muni et aussi le Bodhisattva Maïtreya, le futur Buddha. Ils ne pratiquent pas de cérémonies, méditent, psalmodient les versets du Tripitaka.

Le peuple, tout en révérant le Buddha, adore quelques divinités locales, contre-parties de divinités hindoues, et aussi le génie protecteur du Pic d'Adam : Saman.

SIAM — BIRMANIE.

Il est probable que le buddhisme a été introduit au Siam et en Birmanie à peu près à la même époque où il s'implanta à Ceylan. Au v° siècle de l'ère chrétienne, Buddha Gosha réforma la doctrine qui s'altérait et traduisit en pâli les écritures venues de Ceylan.

La presqu'île indochinoise relève par le dogme de la doctrine Hinayana, mais avec une hiérarchie ecclésiastique complète, ce qui n'existe pas à Ceylan et qui comprend :

Le novice, *Shen* ou *Shin;*

Le moine, *Pyit-Sen* ou *Pyit-Sin*, appelé *Phongi* en Birmanie (bonze), *Talapouin* au Siam;

Le chef de monastère, *Hsaya;*

Le chef provincial, *Gani-ok;*

Le chef supérieur, *Thatâna-paing.*

Les religieux vivent dans les monastères ou se retirent dans des ermitages isolés, mais dépendent des chapitres qui régissent les monastères. Ils sont comparables aux anachorètes du commencement de l'ère chrétienne.

KASCHMYR ET NÉPAUL.

Le Kaschmyr fut converti au buddhisme par Madhyantika, disciple d'Ananda. Il releva tout d'abord de l'Ecole Hinayana, ainsi que le Népaul, converti également à la nouvelle doctrine.

La forme austère du Hinayana subit bientôt des changements en s'assimilant les cultes locaux qui se rattachaient à l'hindouïsme, et même en adoptant les divinités indigènes.

Cette tolérance favorisa l'expansion du buddhisme, qui devint prépondérant à partir du II° siècle, après le concile de Jalandhara, mais sous la forme du Mâhâyana, c'est-à-dire accompagné de tout un cortège de Dhyani-Buddhas, de Bodhisattvas, de dieux, de déesses, de génies, etc.

C'est au Népaul que le buddhisme allait donner naissance à deux courants nouveaux, destinés à modifier profondément son aspect primitif, l'orientant, d'une part, vers la magie mystique, d'autre part, vers le spiritualisme religieux.

La doctrine magique, ou tântrique, se rattache au culte de Shiva, ou plutôt de ses Shaktis, forces génératrices répondant aux côtés créateur et destructeur de l'univers.

La doctrine spiritualiste reconnaît un être suprême, Adi-Buddha, source éternelle de vie, centre d'où émanent tous les Buddhas.

Adi-Buddha est l'équivalent de Parabrahm, de Brahma-Nirguna et aussi d'Aïn-Souph de la Kabbale. La manifestation d'Adi-Buddha est la lumière éternelle, Amitabbha-Buddha, origine d'une Trinité, qui sera reconnu plus tard par les diverses écoles du Nord.

THIBET.

On possède peu de renseignements sur l'introduction du buddhisme au Thibet.

Ce pays avait une religion primitive, celle des Bhons, dont les prêtres étaient adonnés à la sorcellerie, pratiquaient la divination et les exorcismes.

La population adorait les forces naturelles; elle avait la terreur des esprits, bons ou mauvais, que le clergé était chargé de conjurer.

Selon les traditions thibétaines, une première mission buddhistes pénétra dans le pays 137 avant l'ère chrétienne, mais n'eut pas grand résultat.

En 371 après Jésus-Christ, des missionnaires convertirent le roi Thothori-Uyan-Tsan; mais, ce ne fut qu'au vii° siècle que le roi Srong-Tsan-Gampo envoya une ambassade dans l'Inde afin d'en ramener des prêtres buddhistes, porteurs d'écritures sacrées qui furent traduites en thibétain.

Au viii° siècle, des prêtres chinois firent connaître la

doctrine de Nagarjuna et l'école Yogacharya fut établie officiellement au Thibet.

Cependant, les dissensions ne tardèrent pas à naître entre les anciens sectateurs de la religion « Bhon ou Bhonpo », et aussi entre les différentes sectes buddhiques qui essayaient d'obtenir la prépondérance et qui, pour y parvenir, se livraient, de plus en plus, à la sorcellerie et à la démonolâtrie afin de gagner l'adhésion populaire.

Plus le temps passait, plus la magie devenait florissante et donnait une apparence fâcheuse au Buddhisme qui avait adopté les rites du Lamaïsme pratiqués dans le pays — conjointement avec la religion Bhonpo.

Il est, du reste, difficile de délimiter nettement la part qu'il est possible d'attribuer à ces divers courants religieux.

Quoi qu'il en soit, les Lamas, dits à bonnets rouges, étaient plutôt des sorciers que des prêtres buddhistes.

Une réforme allait être opérée par le célèbre Lo-bZang-bRags-pa, connu sous le nom de Tsong-Kapa.

Il naquit dans la province d'Amdo en 1357.

Sa naissance est entourée de légendes merveilleuses, semblables à celles qui accompagnent la vie des grands chefs religieux.

Il est vénéré, au Thibet, à l'égal de Çakya-Muni et considéré comme un Avatar.

Tsong-Kapa mena d'abord une vie errante, puis, il se fixa à Lhassa, accepta des disciples et entreprit de réformer le buddhisme, dégénéré par l'abus des pratiques magiques.

Il essaya de faire renaître la forme primitive du Mâhâ-yana, adoptée par le Kaschmyr et le Népaul; mais, il ne put extirper complètement la sorcellerie, qui règne encore aujourd'hui au Thibet, avec une école officielle et un chef des magiciens qui est presque aussi puissant que le Dalaï-Lama, car s'il n'a pas le pouvoir extérieur, il domine l'esprit de la population.

L'œuvre de Tsong-Kapa, bien que n'ayant pas complètement réussi, est cependant remarquable.

Il adapta aux enseignements buddhiques le ritualisme du Lamaïsme, mais sous une forme épurée, et il introduisit dans le culte des rites qui se rapprochent singulièrement de ceux du christianisme.

Ses partisans furent nommés Lamas à bonnets jaunes (*Gelongpas*), par opposition aux fidèles de l'ancien régime, les Lamas à bonnets rouges (*Bhons* ou *Dougpas*).

La secte des bonnets jaunes a adopté des ornements sacerdotaux presque semblables à ceux des prêtres catholiques.

Les Lamas Gelongpas pratiquent l'office à deux chœurs, la psalmodie, les exorcismes.

Ils donnent la bénédiction par l'imposition des mains sur la tête des fidèles.

Ils se servent de chapelets, d'encensoirs, font des aspersions d'eau bénite.

Ils ont un ostensoir, sorte de double srivatsa (1), monté sur un pied, rappelant l'ornement buddhique appelé « les intestins du Buddha ».

Les Bonnets jaunes observent le célibat, ont des retraites spirituelles, des jeûnes, des litanies, révèrent les Saints.

La Lamaïsme thibétain est, en somme, un culte organisé, avec une hiérarchie ecclésiastique, possédant, outre l'autorité sacerdotale, le pouvoir temporel, dont le chef suprême est le Dalaï-Lama, résidant à Lhassa.

Tsong-Kapa fonda la célèbre lamaserie de Kaldan, près de la capitale du pays. Elle compte encore actuellement des milliers de moines.

Le réformateur thibétain mourut en 1419. Son corps, bien conservé, paraît-il, est gardé dans ce monastère, où il est l'objet d'une grande vénération.

Tsong-Kapa ne se borna pas à réformer la liturgie. Il donna une rédaction nouvelle au corps de doctrine provenant de Çakya-Muni. Il a, de plus, laissé des ouvrages

(1) Srivatsa, ornement symbolique porté par Vishnu.

dont le plus célèbre est le traité connu sous le nom du « Chemin gradué de la perfection ».

Sa réforme a triomphé dans le Thibet et a même pénétré dans quelques provinces de la Chine. La Mandchourie l'a adoptée complètement.

Les Lamas de l'ancienne et de la nouvelle tradition, après avoir eu de longues querelles, vivent en paix maintenant.

Cependant, les Bonnets jaunes ont la suprématie, puisque leur école est admise par le sacerdoce officiel.

Hiérarchie ecclésiastique = Le Dalaï-Lama (*RGyamThso*), océan de vertus, est considéré comme incarnant le Dhyani-Buddha Avalokiteshwara, Tchenrési, le protecteur du Thibet.

Le premier Dalaï-Lama, ou Buddha vivant, fut Gedun-Grub-pa, disciple préféré de Tsong-Kapa.

Les quatre premiers successeurs de Gedun-Grub-pa furent de simples chefs religieux, mais le cinquième, Nga-vang-Lo-Bzang, s'empara du pouvoir temporel.

Depuis cette usurpation, les deux pouvoirs sont réunis par le chef suprême du Thibet. Au-dessous de lui est le Penchen-Rin-po-tché, grand Lama de Tashi-Lhounpo (1), chef spirituel, incarnation d'Amitabbha Buddha, premier aspect de la Trinité thibétaine dont les deux autres sont Tchenresi, l'Ame (*Avalokiteshwara*), et *Manjouçri*, l'intelligence.

Cette filiation divine ferait du Tashi-Lama le supérieur du Dalaï-Lama. Aussi est-elle niée par les partisans de ce dernier, qui ne reconnaissent dans le Tashi-Lama que la réincarnation de Tsong-Kapa ou de Manjouçri.

Quoi qu'il en soit, le Penchen-Rin-po-tché préside le collège sacerdotal chargé de désigner le Dalaï-Lama, ce qui lui donne une influence considérable.

Les deux chefs religieux du Thibet sont assistés par des conseillers analogues aux cardinaux romains.

Ces dignitaires sont de plusieurs rangs. Les plus éle-

---

(1) Il réside à Shigatsé.

vés sont les supérieurs des grands monastères, les grands Lamas de Pékin, du Bhoutan, de Sikkim. Ils possèdent le pouvoir temporel et l'autorité religieuse.

Ils sont appelés Khampos et passent pour des incarnations de saints Arhats.

Ils sont nommés par le gouvernement de Lhassa, dont les hauts fonctionnaires sont également des Khampos.

Au-dessous d'eux sont les supérieurs de monastères, Lamas (*Lla-Na*) ou Chutuktus.

Viennent ensuite les Ge-Longs, prêtres ordonnés, les Getsouls, moines, et enfin les Genyens ou novices.

Les religieuses sont appelées Gelong-ma, car il y a aussi des monastères de femmes.

PANTHÉON THIBÉTAIN

TRINITÉ.

Amitabbha-Buddha (*Od-pag-Med*). Manjouçri. Tchenresi

Çakya-Muni (*Sakya-thub-pa*).

Dorje-Sampe, ou Vajra sattva (*Vajrapani*) : le premier des cinq Dhyani-Buddha (1).

Shiva Maha Kala = Jig's-Byed : destructeur, générateur.

Vishnu = Tchakdor : destructeur des démons.

Brahma = Tsangs-pa : protecteur de la religion.

Kuvera = Zambala : richesse.

Agni = Melhaï-Gyal-po : feu.

Les deux déesses protectrices du Thibet : La-no ou Tara, Dolma.

Il est enseigné que huit catégories d'être supérieurs doivent être révérés :

1° Les Lamas de tout rang, depuis le novice jusqu'à Çakya-Muni.

Le Nirvâna du Buddha n'est pas complet; il peut encore inspirer les saints et même s'incarner partiellement pour protéger la religion. Il en sera ainsi jusqu'à l'avènement de son successeur, le Bodhisattva Maitreya.

1) Nommé aussi le Porteur de la Foudre.

2° Les Yi-dams. A la tête de cette catégorie, on trouve les cinq Dhyani-Buddhas avec leurs Dhyani-Bodhisattvas.

Viennent ensuite des divinités d'origine hindoue, surtout shivaïte. Ces dieux sont accompagnés de leurs Shaktis, qui représentent leur énergie créatrice et destructrice. La Shakti est appelée Yum ou Dakini (sanscrit *Tarâ*), ou encore mke-SGro-Na.

3° Les Tathagatas ou Buddhas (*Sangs-rGyas*), divisés en trois catégories :

Les Buddhas du passé, au nombre de 1.000;

Les Buddhas de confession, au nombre de 35 (dont Çakya-Muni);

Les Buddhas de médecine, au nombre de 5.

On doit encore diviser les Buddhas en deux catégories:

1° Le Buddha parfait ou Buddha de compassion qui, ayant gagné le Nirvâna, est identifié à la loi, mais continue à veiller au salut du monde.

2° Le Buddha imparfait, ou Pratyéka-Buddha, qui a gagné le Nirvâna, et n'est plus soumis à la réincarnation, mais qui jouit d'un repos égoïste sans s'occuper du sort des humains, qu'il abandonne à leur destin.

Il n'y a qu'un Buddha parfait par Kalpa (période de manifestation).

Çakya-Muni est le troisième (ou quatrième selon les différentes traditions).

Voici leurs noms :

Dîpankara, Kaçyapa, Çakya-Muni, ou : Dîpankara, Kakouçanda, Kaçyapa, Çakya-Muni.

4° catégorie. Les Bodhisattvas (*Byang-Chub-Sems-pa*), en nombre illimité.

5° Les Dakinis ou Shaktis (*mka-SGro-Ma*).

6° Les Dragsheds (*Tchos-Skyong*), qui combattent les démons.

7° Les Yul-Lhas, dieux des éléments.

8° Les Sa-bDags, divinités locales.

Cet exposé du Panthéon thibétain montre à quel point le buddhisme pratiqué au Thibet est éloigné des doctrines enseignées dans les écoles du Hinayana. Il se rapproche de l'hindouisme, dont il a adopté nombre de divinités en changeant simplement leurs noms. De plus, la reconnaissance de la Trinité Amitabbha-Buddha-Tchenrési-Manjouçri est accompagnée par celle de l'existence de l'âme humaine, qui participe de l'âme universelle Alaya.

Ici, on doit remarquer qu'Alaya est l'équivalent de l'Atman hindou; mais, d'autre part, Avalokiteshvara est souvent indiqué comme étant, à la fois, le second aspect de la Trinité, Tchenrési, et aussi l'âme humaine.

Tous ces termes n'ont pas de sens absolu, et sont pris les uns pour les autres, sauf Adi-Buddha ou Amitabbha-Buddha, qui désignent toujours le principe suprême.

Les classifications sont donc moins claires que chez les Hindous. Cependant, quand on connaît bien celles de l'Inde, on arrive à placer convenablement les principes enseignés au Thibet, où ils portent, du reste, des noms différents (1).

Une particularité à remarquer est celle de l'existence des Buddhas, qui tiennent, en quelque sorte, la place de la divinité dans la manifestation.

Cette croyance est complété par celle de la réincarnation des saints du passé, c'est-à-dire des Pratyéka-Buddhas, des Arhats, parfois de celles des personnes de la Trinité thibétaine : Tchenrési, et même Amitabbha-Buddha, qui sont, non plus des incarnations passagères, mais des Avatars perpétuels, dont les réincarnations se produisent lors de l'apparition de nouveaux Buddhas vivants.

Quant à Çakya-Muni, il n'est pas complètement étranger aux activités humaines, comme il a été dit précédemment.

En résumé, tout personnage important est la réin-

____

(1) Les classifications thibétaines seront trouvées à la fin du présent ouvrage.

carnation d'un grand Etre revenu sur la terre pour le plus grand bien de la religion du Thibet et de ses fidèles.

La théorie de l'écoulement des choses et des êtres, la non-existence d'un Ego personnel permanent, dogmes pour certaines sectes du Hinâyana sont, comme on le voit, fort éloignées des doctrines thibétaines.

Pour le reste, les superstitions, la magie, voire la sorcellerie de la pire espèce, sévissent aujourd'hui tout aussi bien qu'avant la réforme de Tsong-Kapa, sauf la tolérance concernant le mariage des prêtres, qui n'est pas admis au Thibet (il est toléré au Népaul et par quelques sectes de l'Indochine).

On doit aussi remarquer le rôle prépondérant donné au Bodhisattva Tchenrési, ou Padmapani, Avalokiteshvara, le sauveur du Thibet, qui tient dans ce pays une place analogue à celle de Jésus-Christ chez les chrétiens.

JAPON.

Le buddhisme fut importé de la Corée au Japon, où il fut introduit officiellement en 552.

La première période du buddhisme japonais porte le nom d'Asuka, capitale de la province de ce nom. Elle s'étend de 552 à 667.

Ensuite le buddhisme fut installé à Nara (710).

L'introduction de la religion nouvelle ne porta pas le même caractère qu'en Chine, où il s'était agi de luttes intellectuelles. Dans le royaume du Soleil levant, elle fut accompagnée de luttes politiques entre grandes familles occupant les hauts postes de l'Etat.

Les membres de la famille des Soga, ayant charge de ministre des affaires étrangères, se montrèrent plus favorables à l'expansion du culte nouveau que les familles à traditions sacerdotales.

Les Soga, ayant obtenu la suprématie, devinrent les maîtres du pays, gardant la charge héréditaire du Sogunat, qui faisait d'eux les régents tout-puissants du royaume. Grâce à eux, le buddhisme s'implanta définitivement au Japon, les images buddhiques furent admises dans le panthéon taôiste et fraternisèrent avec les dieux du shinthoïsme.

Car, au Japon, une religion nationale était implantée depuis des siècles, et le peuple y était trop attaché pour que le buddhisme pût espérer l'évincer.

Selon sa puissance d'adaptation et d'évolution, il n'entra pas en lutte avec les traditions nationales. Il s'assimila les aspects du shintoïsme susceptibles d'être admis par lui et fut adopté, en quelque sorte, par le culte local.

De sorte qu'il existe au Japon trois formes religieuses:

1° Le shintoïsme, religion nationale officielle;

2° Le buddhisme, sous la forme du Nord;

3° Le taoïsme.

Cette acceptation du buddhisme dans un pays adonné au culte des ancêtres est une chose curieuse, étant donné les théories primitives de la philosophie de Çakya-Muni, qui niait toute continuité à l'être fini.

Il fallut, évidemment, que beaucoup de changements fussent apportés à la doctrine pour qu'elle parvînt à être admise par un peuple imbu de la croyance en l'existence des ancêtres servant de guides aux vivants.

Le shintoïsme, ou voie des Dieux, honore les divinités habitant la montagne mystérieuse, ou montagne d'Ama.

La divinité nationale est la déesse Soleil (1), dont le petit-fils descendit dans les Iles par un chemin formé de huit rayons tracés dans les nuages.

Il devint le successeur du Dieu de la Tempête (2).

Deux temples sont consacrés aux deux forces naturelles, symbolisées par la déesse Soleil et par le dieu de la Tempête : 1° le temple d'Isé; 2° celui d'Idzumo. Ils sont reconstruits tous les vingt ans, les modèles primitifs étant intégralement conservés.

Les temples shintoïstes sont des édifices entièrement

(1) Amaterasu.
(2) Susosmo.

clos, consacrés aux Kami et aux ancêtres. Ils renferment le Miroir, objet principal du culte, qui possède encore deux autres attributs : l'Arbre des Dieux, et l'Epée, insignes impériaux.

Les maisons japonaises ont toutes une place réservée aux tablettes des ancêtres, aux statutes des Kami. Mais ces attributs shintoïstes n'empêchent pas le voisinage des images buddhiques, dont les plus répandues sont celles de Kwannon (Avalokiteshvara, le Bodhisattva, équivalent de Padmapani, le porteur du Lotus, opposé à Vajrapani, le porteur de la foudre).

Originairement représentée sous l'aspect d'un jeune homme, Kwannon prit ensuite les traits d'une femme, la Mère universelle revêtant 33 formes d'existence (ou 333 et même 33.000).

On trouve aussi des statues d'Amida, le Buddha céleste, toujours dorées, puisqu'elles représentent le dieu de la Lumière éternelle. Le Buddha Çakya-Muni, sa contre-partie terrestre, est rencontré très fréquemment.

On voit aussi des statues des Dévarajàs, les divinités des quatre points cardinaux, ou Maharajàs.

Le buddhisme japonais a pour divinité suprême Vairochanâ, dont le Buddha Çakya-Muni a été seulement une manifestation, théorie en opposition avec les premiers enseignements, qui n'admettaient ni Dieu ni révélation.

Les trois refuges (Trisarana) du buddhisme primitif :

> L'Eglise,
> La Loi;
> Le Buddha;

formant la seule Trinité admise par le buddhisme de Nara, ont évolué jusqu'à devenir, au Japon, une Trinité religieuse :

1. Roshana Vairochana, le Buddha de la Loi;
2. Amida, le Buddha de la pitié;
3. Çakya-Muni, de Buddha de l'adaptation.

Chaque religion est une méthode pour atteindre le

salut, possède une représentation divine qui n'est qu'une création de l'esprit humain.

Le buddhisme, comme toutes les religions, a dû s'adapter au besoin de l'âme humaine, qui ne vit pas facilement d'abstractions philosophiques.

Il a donc admis une divinité centrale, Vairochana. Autour de ce Dieu principal, évoluent des divinités qui sont l'anthropomorphisation de puissances et de vertus nécessaires à l'homme pour obtenir la libération de la douleur.

Vairochana est dans tout.

Il est manifesté dans Fudo, le Puissant, le Savoir.

Fudo est l'immuable, l'immobile, analogue à Shiva, le dieu hindou du Samadhi.

La Shakti, ou Pouvoir, de Fudo, est Aizen, l'Amour, armé d'un arc.

C'est le feu purificateur qui donne la mort pour faire obtenir la libération.

Vairochana

Aizen   Fudo

sont symbolisés par un joyau appelé Chintamani, le cercle essayant de devenir un triangle.

A la suite de cette trinité, on trouve une série de contre-parties des divinités hindoues :

INDE	JAPON
Kali.	Kariteimo, la Reine Mère du ciel, symbolisée par la Grenade.
Saravasti.	Bériten, portant la Viña.
Kuvera.	Hosho, la richesse.
Gandharva.	Kompira, à la tête d'aigle.
Lakshmi.	Kichijoten, l'amour, la fortune.
Kartikeya.	Taigensui, la guerre.
Ganesha.	Shodan, celui qui fraye le chemin.
Agni.	Khaten.
Brahma.	Boten, avec l'oiseau blanc Ha-Kuga.
Indra.	Ishanna Thaishasti.
Yama.	Em-ma, monté sur un buffle, la Mort.

Amida, avec son émanation, Kwannon aux onze têtes, la Mère du Ciel, assurent le salut de l'homme.

Ils sont représentés sur un fond d'or, accompagnés de vingt-cinq anges musiciens escortant l'âme montant au Sukravati ou Paradis.

On trouve encore :

Nitten, le Soleil.
Getten, la Lune.
Sutten, les eaux.

Cet ensemble de dieux et de déesses représente le panthéon buddhique japonais qui, d'autre part, reconnaît l'existence de vingt-sept cieux, dans lesquels l'homme évolue avant d'atteindre le Nirvâna.

RÉSUMÉ

Le buddhisme japonais a passé par diverses phases en rapport avec les courants qui lui venaient soit de la Chine, soit de l'Inde. On peut les résumer ainsi :

1° Phase philosophique et scientifique (*Jnâna*) formant une période de connaissance.

2° Succédant à la phase savante, on en trouve une autre, orientée vers l'amour et la prière (*Bhakti*).

3° Puis, survint un retour à l'individualisme, sous une forme ascétique.

4° Entre 800 et 900 après J.-C., des théories aboutissant à la fusion de l'esprit et de la matière avaient préparé le terrain à une dégénérescence qui se produisit sous forme de tântrikisme phallique.

5° Enfin, vers le XIII° siècle, le buddhisme, désormais très populaire, était devenu une véritable religion, avec un panthéon de dieux et de déesses, ayant à leur tête une Trinité, et donnait les descriptions les plus effrayantes de l'enfer et du purgatoire, contre-parties d'un Paradis dont Amida et Kwannon facilitent l'accès à leurs fidèles. C'est sous cette forme que le buddhisme est demeuré prépondérant au Japon, où il compte un grand nombre de sectes dont les principales sont :

1° La secte Zen-Siou, qui se rapproche du buddhisme chinois. Elle révère principalement Çakya-Muni et Kwannon.

2° La secte Sin-gon adore Adi-Buddha sous le nom de Roshana-Vairochana, Maîtreya sous celui de Miro-Kou, Kwannon et Fudo-mio-ô.

Cette secte est mystique, étudie la valeur magique des lettres sanscrites, emploie les mentram et les mudras (gestes magiques).

3° La secte Ten-daï a pour divinité principale Kwannon, sous ses 333 formes, et révère Benten, déesse de la parole et de la mer.

4° La secte Hokké-siou révère la trinité buddhique : le Buddha, le Dharma, le Sangha, les trois trésors (tri-ratna).

5° La secte Giô-dô est vouée au culte d'Amida, maître souverain du Paradis (Sukravati), assisté de Kwannon et du Bodhisattva Jisô.

6° Enfin, la secte Sin-Siou adore Amida, le Buddha éternel, Kwannon et Çakya-Muni, ses manifestations dans le monde.

INDE.

Pour comprendre les modes d'expansion du buddhisme, il est nécessaire de revenir à son pays d'origine, l'Inde, et de remonter à la glorieuse période d'Asoka qui, au IIIe siècle avant J.-C., fut le plus ardent protecteur de l'école du Nord. Son fils, Mahendra, convertit Ceylan, qui suivit la même direction, jusqu'à une invasion du Siam qui amena la doctrine du Sud. L'Inde du Nord et le Kaschmyr devinrent des centres actifs, grâce à l'impulsion donnée par Kaniskha, qui avait réuni le 4e concile, dont l'influence, qui fut très grande, servit l'extension du buddhisme en Asie centrale.

Suivant les enseignements de deux maîtres du buddhisme : Asvagrosha et Vasumitra, un moine hindou, Nagarjuna, avait fondé la première école buddhiste, connue sous le nom de Madhyamika. Il s'appuya sur la doctrine des huit négations, l'élucidation de la Voie du Milieu, la reconnaissance de l'Etre infini, la Grande Lumière qui éclaire le Tout.

Les écritures du Nord, en sanscrit, ne s'accordent pas toujours avec les écritures du Sud, en pâli, sauf sur quelques points fondamentaux, qui sont le support de la doctrine. Cependant, les écritures du Sud ne nient pas la dernière proposition de Nagarjuna. Ce qui est très important, puisque la reconnaissance de la Lumière éternelle évoluera jusqu'à devenir la base de la Trinité dans les écoles du Nord.

On considère, en général, que la première période d'activité du buddhisme se termine au IIIe siècle après Jésus-Christ.

Au IVe siècle, commence une nouvelle activité, d'un ordre différent. Elle est caractérisée par la recherche objective, l'effort scientifique, et présente une grande expansion intellectuelle, ayant pour centre d'études universitaires Nalanda, près de Rajagriha.

Cette période s'étend jusqu'au VIIe siècle, où elle cède la place à une troisième phase, représentée par un idéalisme formel qui se développe d'abord dans le Thibet, puis gagne la Chine, la Corée et le Japon.

D'autre part, le buddhisme du Sud avait pénétré en Birmanie et au Siam et gagné peu à peu toute la presqu'île indochinoise, mais sous la forme du Nord, l'Annam, le Tonkin, le Cambodge, la Cochinchine ayant été des conquêtes provenant d'infiltrations chinoises, non hindoues. Et encore, faut-il distinguer entre le buddhisme chinois du Sud, d'une pureté relative, et celui du Nord, plus en rapport avec les formules du Thibet, de la Mongolie et de la Mandchourie.

La conquête de la Corée fut intéressante, car ce fut

du pays du « Matin calme » que le buddhisme fut importé au Japon.

Si l'on veut se former une idée d'ensemble sur l'état du buddhisme dans l'Inde, on voit qu'après l'organisation de l'Ecole Madhyamika (Ier siècle après J.-C.), l'étude de l'abstrait dominait. Puis, la recherche scientifique commença, vers le IVe siècle et au VIe siècle, on trouve une période d'une splendeur merveilleuse, sous le règne de Vikramaditya. Ce siècle est comparable aux grandes époques de l'Occident. Il est célèbre par la réunion de savants, de philosophes, d'artistes, de poètes (dont Kalidasa, l'auteur de *l'Anneau de Sakuntala,* est le plus renommé).

Le côté scientifique prit le dessus vers le VIIIe siècle, mais fut suivi par une réaction pendant laquelle la vie monastique se développa, tandis que la religion orthodoxe allait sans cesse en s'altérant.

Alors, au IXe siècle, on trouve la Réforme du brahmanisme, qui fut l'œuvre de Shri Shankara-Atcharya, le célèbre commentateur des écritures sacrées de l'Inde.

A partir de cette réforme, le buddhisme déclina dans l'Inde, tandis que sa puissance d'expansion et d'adaptation ne faisait que croître dans les contrées limitrophes.

L'orthodoxie brahmanique, qui avait lutté sans trêve contre les doctrines de Çakya-Muni, obtint la prépondérance définitive dans l'Inde, sauf dans le Népaul et le Kaschmyr. Elle avait aussi perdu Ceylan qui, après sa conversion au buddhisme, ne le quitta jamais.

Il en fut de même pour la presqu'île indochinoise, dont la presque totalité des habitants a adopté le buddhisme qui, partout, est la religion officielle.

En résumé, dans tous les pays, sauf dans l'Inde, où les buddhistes, plutôt rares, sont assez mal considérés (1), le buddhisme, sous toutes ses formes, vit en bonne intelligence avec les adeptes des autres religions et philosophies de l'Orient.

En Chine, confucianisme, taôisme, buddhisme co-exis-

____
(1) Excepté dans le Népaul et le Kashmyr.

tent fraternellement. Cependant, le confucianisme est officiellement prépondérant.

Au Japon, c'est le shintoïsme qui est religion d'Etat. Le buddhisme et le taôisme sont admis officieusement.

Cette étude bien succincte, par rapport à un sujet très complexe et d'une importance énorme, essaye de montrer le chemin parcouru par une philosophie qui, sans cesse, a évolué, subissant des transformations étranges, et réunissant en elle seule les aspects les plus divers des philosophies et des religions du monde.

Tout d'abord, école de morale pessimiste, elle organise la vie religieuse, le monachisme oriental, opposé à la vie d'anachorètes des yogis hindous. Elle développe bientôt une savante philosophie, puis une métaphysique transcendantale, aboutissant aux subtilités des catégories buddhiques.

Mais, cet aspect élevé lui donnerait peu de sectateurs. Alors, elle redescend sur la terre, s'adapte avec souplesse aux traditions et aux cultes des pays dans lesquels elle pénètre. C'est ainsi qu'elle s'organise peu à peu en une religion et arrive à admettre une Trinité buddhique qui, sûrement n'avait pas été plus prévue par son fondateur que toute la pompe des cérémonies qui accompagnent le culte, et la hiérarchie sacerdotale qui y est attachée.

On est loin, avec cette organisation religieuse, du néant de toutes choses des deux premières écoles buddhistes.

Les partisans de ces écoles prétendent qu'il ne s'agit plus du buddhisme lorsque les théories rigides de leurs propres sectes sont ainsi dénaturées.

C'est une erreur et un point de vue étroit. Tous ceux qui reconnaissent le Buddha comme Instructeur, qui admettent les quatre nobles vérités et le noble octuple sentier sont des buddhistes.

Ils prennent refuge dans le Buddha, la Loi, le Sangha.

Les formes cultuelles auxquelles ils se rattachent particulièrement ne changent rien, quant à leur croyance fondamentale commune, qui est « l'existence de la douleur et les moyens propres à s'en délivrer ».

Que les sectateurs du Buddha suivent une quelconque des diverses voies menant au salut, selon les innombrables sectes auxquelles ils peuvent se rattacher, ils n'ont tous qu'un même point de départ : la douleur; un unique but : la délivrance; et tous communient dans la même horreur de l'existence qui, pour eux, n'est que souffrance inévitable puisque tout homme qui naît sur la terre est lié par la chaîne des Nidânas, qui n'est rompue définitivement que par la cessation de l'existence manifestée.

Cet aspect du buddhisme en fait une seule et même religion philosophique. Car, autrement, les différences séparant les écoles et les sectes autoriseraient à conclure qu'il n'y a pas le Buddhisme, mais les « Buddhismes », ce qui ne serait exact qu'en s'en tenant aux apparences extérieures.

C'est ici qu'il est à propos d'appliquer une des théories favorites de l'enseignement oriental : « Différence entre l'irréel et le réel :

« L'apparence est irréelle, éphémère, instable et n'a pas de réalité en soi.

« Seule existe la Vérité, immuable, au delà des modifications provenant de la Maya. »

Etant basé sur la reconnaissance de cette vérité, le buddhisme est Un, dans son essence, quelles que soient les formes qu'il a pu revêtir au cours du temps.

Les buddhistes, tout en marchant rythmiquement, murmurent la phrase fatidique : « Il n'y a pas d'Ego ».

Cela ne les empêche pas d'aller porter leurs offrandes aux dieux dont ils ont adopté les images, et dont la protection semble nécessaire au pauvre cœur humain assoiffé d'amour.

L'homme qui souffre, craint, espère, essaye de trouver un appui auprès de divinités qu'il tente de se rendre favorables.

Il ne faut pas le blâmer d'anthropomorphiser des

principes abstraits qu'il ne peut pas toujours comprendre.

Le grand Sage, qui était compatissant, ne le blâmerait pas, puisque cela adoucit pour lui la souffrance, inséparable de toute vie.

Celui dont le sourire doux et triste a consolé tant de misères, ne saurait s'offenser si ses fidèles, après lui avoir offert des fleurs, quelques gouttes d'eau, un peu de santal, pures et modestes offrandes, vont ensuite implorer des divinités qui, dans leur croyance naïve, pourront intervenir plus efficacement dans les affaires de ce monde que le Sublime Nirvâni, qui est si loin, si haut, dans son royaume inaccessible de la Vérité !...

Le Maître dont la grande intelligence avait dépassé tous les symboles, se pencherait avec douceur vers l'être encore jeune, attaché à des rites devenus inutiles pour le Sage, libéré des formes.

La Parole vraie, ou Singhou du buddhiste japonais, n'est-elle pas la même que le Logos des Grecs, le Verbe des chrétiens?

Et la Lumière d'Amitabbha n'est-elle pas analogue à la Lumière de l'Evangile de saint Jean?

Révérer la Vierge Marie ou porter des offrandes à Kwannon ne diffère pas.

Toutes deux sont les Reines du Ciel unique qui comprend l'Occident et l'Orient, tous deux éclairés par un Soleil unique, celui de la Vie éternelle, illuminant toute la Création.

Puissent ces deux Reines de miséricorde amener l'ère de la Paix et du Bonheur pour les hommes, ayant tous même cœur, même cerveau, et participant de la même vie divine.

Les divisions sont des faits secondaires.

Elles n'empêchent pas l'unité fondamentale du buddhisme de subsister.

Pas plus, du reste, que les divisions plus grandes séparant les religions qui se partagent le monde, ne peuvent briser leur unité essentielle.

Les grandes figures de Dieu adorées dans les divers cultes sont des créations intellectuelles, issues de l'intelligence humaine, qui cherche à se représenter le Dieu infini, au-dessus de toute représentation et de tout dogme.

Les Paradis décrits par les religions sont non moins des créations humaines.

Le Royaume de Dieu des chrétiens existe, il est construit et conservé, grâce aux efforts des hommes, vivants ou morts.

De même, pour le Svarga hindou, les Cieux de béatitude des buddhistes, le Paradis de Mahomet.

Tous constituent les âmes-groupes astro-mentales gouvernées par les grands Etres spirituels de la religion à laquelle une collectivité se rapporte.

Il y a action réciproque entre le groupement humain et son correspondant hyper-physique, tous deux réagissent l'un sur l'autre.

Et cependant, toutes ces demeures, dans la maison du Père céleste, ne forment qu'une seule demeure : celle des Fils du Dieu unique et inconnaissable, qui agrée les offrandes et les prières de tous ses enfants, quelles que soient les formes qu'elles revêtent.

Les religions sont des faits humains, temporaires, divisant l'humanité au même titre que les sectes diversifient le buddhisme.

Elles n'atteignent pas l'Unité, qui est le seul Dieu véritable.

Cette Unité est la Vérité éternelle, ce qui a été, est et n'aura pas de fin.

DIVISIONS DU BUDDHISME.

Le buddhisme compte 23 écoles hindoues, 12 écoles chinoises, 13 écoles japonaises, le tout avec de nombreuses subdivisions.

Par rapport à la doctrine primitive, le buddhisme du Sud est plus exact, le buddhisme du Nord est plus relatif.

Le Kaschmyr est le dépositaire le plus autorisé de la doctrine.

Le but proposé est la libération de l'âme.

Le buddhisme enseigne la pitié, la compassion, la libération de l'esclavage social, la fraternité de tous les hommes. (Par ce dernier enseignement, il se rapproche du confucianisme communiste.)

Il préconise l'organisation monastique opposée à l'entraînement solitaire du yogi hindou.

· Dans les formules athées du Sud, la persistance de la personnalité humaine se trouve abolie : l'âme est absorbée dans l'Unité éternelle. L'Ecole du Nord, plus religieuse, finit par admettre l'existence de Dieu et, par suite, la permanence sinon de l'Ego, du moins de l'Esprit individualisé, qui devient le Nirvâni.

Elle enseigne l'amour de la Nature, exalte la beauté des choses, offre des définitions de dieux et de déesses, décrit l'enfer, le purgatoire, le Paradis.

Les schismes du buddhisme portent sur la discipline, les discussions philosophiques.

Les sectes sont innombrables.

La première scission eut lieu entre les adeptes de la haute culture et ceux de l'interprétation populaire.

On compte trois grandes phases dans l'histoire du buddhisme :

1re *phase.* — Ascendant pris par le premier groupe répondant à un idéalisme abstrait. Le deuxième groupe s'occupe des détails de la vie monastique.

C'est l'époque des discussions sur le réel et l'irréel.

Cette première phase part de la mort du Buddha, comprend la période des quatre conciles et s'étend jusqu'au IVe siècle de l'ère chrétienne.

2e *phase.* — La deuxième phase est caractérisée par la recherche objective, l'effort scientifique. C'est la période de développement intellectuel. Partant du IVe siècle, elle s'étend jusqu'au VIIe siècle.

3e *phase.* — Commençant vers le VIIe siècle, cette phase s'étend jusqu'au temps présent. Basée sur un idéalisme concret, qui la fit aboutir au lamaïsme et au tântrikisme, elle est accompagnée par une expansion générale du buddhisme.

Ces trois phases répondent au cours suivi générale-ment par les religions, qui comprennent trois aspects :

1° Philosophie, concepts religieux, créations synthé-tiques intellectuelles.

2° Science. Adaptation analytique des concepts.

3° Sentiment. Réalisation sensible, rituel organisé.

Les trois sentiers, correspondant aux trois activités humaines ·

Karma, action;
Jnana, connaissance;
Bhakti, sentiment religieux,

se trouvent ainsi réalisés, ce qui explique les métamor-phoses subies par les premiers concepts dus aux fonda-teurs des religions.

AVANT-PROPOS

La pensée moderne embrasse un horizon de plus en plus vaste. Grâce aux moyens de pénétration dont l'homme dispose maintenant, la terre semble devenue petite.

Jadis, l'Orient exerçait sur les imaginations une attraction puissante, mais décevante. Entourées de légendes, les contrées fabuleuses, aux climats excessifs, ayant des coutumes étranges, des religions inconnues, semblaient des pays de rêve parce qu'ils étaient inaccessibles, sauf pour quelques voyageurs intrépides.

Il n'en est plus de même, et l'Europe se penche avec une curiosité non dépourvue d'inquiétude vers le mystère oriental.

En même temps que la pénétration matérielle s'organise, une diffusion des idées se fait.

Depuis un siècle, la connaissance des langues étrangères a progressé, des traductions de bon nombre des écritures orientales ont été faites.

La métaphysique des peuples de l'Extrême-Orient a imprégné la philosophie gréco-latine. L'école allemande s'est vouée tout particulièrement à l'étude des textes sacrés hindous et de leurs dérivés. Les musées, les habitations particulières recueillent des modèles d'art hindou, chinois, japonais, cambodgien, annamite, thibétain. A Paris, le musée Guimet expose une collection merveilleuse d'objets cultuels venus d'Extrême-Orient, et on y a célébré des offices buddhiques. Le musée Cernuschi renferme d'admirables œuvres d'art de même provenance.

La curiosité populaire s'est éveillée, des sociétés se

consacrent à la diffusion des traditions orientales, afin d'amener une coopération entre les deux courants d'idées qui se partagent le monde.

Tout enfin, se trouve réuni pour faciliter la pénétration réciproque des deux civilisations.

Les esprits curieux, souvent en proie à l'angoisse moderne qui fait chercher un peu partout un apaisement dans quelque chose de nouveau, ont été ainsi amenés à voir si, dans la littérature orientale, la solution des nombreux problèmes qui tourmentent la conscience humaine ne pouvait être trouvée.

Dans l'ensemble de ces recherches, celles qui se rapportent à l'étude du buddhisme sont des plus importantes, puisque ses adeptes se comptent par centaines de millions.

Malheureusement, il est difficile de se faire une idée claire de ce qu'est cette philosophie, devenue au cours du temps, une religion.

Le nombre des ouvrages traduits est peu important, si l'on considère l'énormité de la littérature buddhique.

De plus, les traditions diffèrent grandement entre les multiples écoles des sectateurs de Çakya-Muni.

Les traités, livres canoniques, commentaires, montrent un esprit fort dissemblable, selon qu'ils se rattachent à l'un ou à l'autre des deux grands courants : le petit vaisseau et le grand vaisseau de salut.

Cela, dans l'aspect général, car les différences ne font que s'accentuer, pour aboutir à un nombre formidable de sectes qui, toutes, ont des écritures particulières.

Le lecteur, souvent perplexe, a besoin de consulter bien des documents, s'il veut arriver à se faire une idée quelque peu exacte sur le sujet.

Une telle recherche demande beaucoup de temps. Et cependant, il paraît si intéressant de connaître, au moins d'une façon générale, ce qu'est réellement le buddhisme, qu'on regrette de ne pouvoir lui consacrer plus de loisirs.

C'est à de tels esprits, avides de connaissances, parce

qu'ils jugent que rien de ce qui représente la pensée humaine ne saurait demeurer indifférent, que cette modeste étude s'adresse.

S'appuyant sur de nombreux textes buddhiques, sur des traités consacrés à son interprétation, l'auteur a divisé son sujet afin d'en faciliter la lecture.

Le livre comprend :

1° Une introduction générale.

2° L'histoire légendaire du Buddha.

3° Les principaux contes et paraboles.

4° Une exposition générale de la doctrine.

5° Les grandes écoles classiques.

La théorie du vide.

6° Les écoles étrangères (thibétaine, chinoise, japonaise, cynghalaise).

7° Une esquisse du jaïnisme.

8° Une récapitulation.

Plus un appendice avec des tableaux comparatifs se rapportant :

1° Aux philosophies de l'Inde.

2° A la constitution occulte de l'homme.

3° A la cosmogonie orientale.

4° A la nomenclature thibétaine.

Les passages en gros caractères proviennent de traditions admises, de textes authentiques, d'opinions tirées d'ouvrages européens ayant étudié spécialement le buddhisme.

Les passages en petits caractères sont les commentaires de l'auteur, qui a essayé de rapprocher les textes pour en tirer un sens synthétique, autant du moins, qu'il lui était possible de le faire.

De plus, ces commentaires (qui n'engagent que leur auteur) montrent les rapports qui existent entre les théories du buddhisme et les enseignements christiques, l'étude des sciences dites occultes et la tradition archaïque, qui fait le fonds de la théosophie moderne.

Dans l'ensemble de cette étude, on a cherché à mettre en valeur tout ce qui, dans le buddhisme, peut donner lieu à une interprétation spiritualiste. C'est pourquoi certains commentaires semblent parfois se contredire.

Cela provient de ce que les textes buddhiques sont différents, selon qu'ils appartiennent à une des écoles matérialistes, ou qu'ils proviennent de sectes spiritualistes, même franchement théistes, comme celles de certaines écoles se rattachant au grand vaisseau de salut.

La réincarnation n'est pas considérée selon le même point de vue, selon que l'on a affaire à des écritures en sanscrit ou en pâli.

Les premières représentent plus particulièrement les traditions hindoues.

Elles admettent la permanence de l'être et sa réincarnation directe dans des formes variées d'existence, animales aussi bien qu'humaines.

Les écoles du Sud, ayant des écritures en pâli, ne reconnaissent pas la continuité d'un Ego, centre de vie consciente, et n'admettent que les Skandhas comme forces génératrices d'une nouvelle personnalité.

Partant de cette différence d'enseignement, toutes les fois qu'on se trouvera en présence d'un texte nettement réincarnationniste, il s'agira d'écritures hindoues.

Les contes et paraboles sont spécialement dans ce cas.

Enfin, de façon générale, tous les textes spiritualistes enseignant la continuité de l'être, la survie, la réincarnation directe, l'existence, sous quelque forme que ce soit, de dieux et de déesses, se rapportent au buddhisme du Nord et à ses dérivés.

Ces quelques remarques aideront le lecteur à ne pas s'égarer dans l'étude assez ardue d'une religion philosophique qui, par ses enseignements, est une des plus grandes valeurs morales de l'humanité, et par le nombre de ses adhérents, la plus formidable puissance qui soit sur la terre, puisqu'elle représente la plus grande partie de la race jaune, ajoutée aux peuplades d'origine aryenne qui sont demeurées fidèles au grand Réformateur de l'Inde.

Dans un appendice, des tableaux comparatifs ont été établis afin de faciliter le travail de comparaison et d'analogie et, par cela, d'éclaircir autant que faire se peut, la question des rapports du buddhisme avec les écoles classiques hindoues, et aussi avec la tradition archaïque.

On trouvera quelques répétitions de certaines classifications, ou règles, qui ont été placées dans des sections différentes de l'ouvrage, afin de présenter des vues synthétiques plus complètes.

L'étude des Ecoles étrangères, dérivées du buddhisme primitif, se trouve répartie entre l'introduction générale et le cours du volume. Prière de consulter à cet égard la table des matières. Les mots étrangers sont en italique.

CHAPITRE PREMIER

CHAPITRE PREMIER

Histoire légendaire du Buddha.

Jeunesse du Bouddha

Si on étudie l'histoire religieuse et sociale de l'Inde au VIᵉ siècle avant l'ère chrétienne, on voit que les conditions propices à l'avènement d'un grand mouvement de réforme se trouvaient réunies : orthodoxie savante des Brahmanes d'un côté, dégénérescence du culte populaire de l'autre, abus de pouvoir de la caste sacerdotale nécessitant une réforme sociale aussi bien que religieuse.

LE BUDDHA. 624-544 AVANT J.-C.

C'est alors que parut sur la terre le prince Siddhartha Gautama, celui qui devait devenir Çakya-Muni, le Buddha.

2478 DU KALI YUGA.

D'après les écritures buddhiques, Siddhartha Gautama naquit en 624 avant J.-C., à Kapilavastu, dans le Népaul, entre Bénarès et l'Himalaya.

NAISSANCE.

Cette ville, située sur la Rohini, était la capitale d'un petit royaume habité par les Sakhyas, tribu aryenne de Kshattriyas.

Son père était le roi Suddhodana, sa mère la reine Maya ou Maha-Maya.

On connaît le lieu exact de sa naissance, marqué par une colonne érigée par l'empereur buddhiste Asoka, dans les jardins Lumbini, où sa mère le mit au monde sous un arbre (un Plaksha).

La nuit de sa conception, la reine avait rêvé qu'un éléphant blanc à tête rouge, accompagné d'une étoile, entrait en elle par son côté droit.

Il est aisé de comprendre le symbolisme de ce rêve ayant des analogies avec celui des naissances miraculeuses attribuées aux Sauveurs, Instructeurs du monde :

L'étoile est le symbole de la grande initiation (étoile des Mages).

L'éléphant se rapporte à la Sagesse, attribut de Ganesha, fils de Shiva, et un des dieux lares des Hindous.

Maha Maya, nom de la Mère du Buddha, indique le sens mythique de tout le récit : Maha, grande; Maya, illusion.

Maya et Suddhodhana avaient mérité de devenir les parents d'un Buddha par les bonnes actions de leurs vies passées.

Toute la nature est en fête quand l'enfant naît. Les rois des Nâgas (serpents-génies, initiés) viennent lui rendre hommage, ainsi qu'ils ont coutume de le faire à la naissance des futurs Buddhas.

Analogie avec l'Alleluia des Anges, saluant la naissance du Christ, avec l'Hommage, rendu par les bergers, symbolisant la nature, et par les Mages, ou initiés de l'Orient.

Le sage ermite Asita vient voir l'enfant royal et le reconnaît comme prédestiné à devenir un Buddha, car sur lui il voit les 32 signes sacrés et les 80 marques (*Christianisme : le Cantique de Siméon*).

Entendant les paroles de l'ascète, annonçant la carrière glorieuse du nouveau-né, ses parents lui donnent le nom de Siddhartha (celui qui a accompli ce qu'il se proposait).

Maya mourut 7 jours après la naissance de son enfant (symbolisme universel des 7 jours de la création, des 7 époques, 7 mondes, etc.).

Elle avait confié le jeune prince à sa sœur Prajapati, seconde épouse de Suddhodhana. Ce nom est également symbolique, il marque la puissance créatrice des formes, ce qui les soutient.

Le jeune prince fut élevé avec le plus grand soin; on lui donna les meilleurs maîtres, ceux-ci n'eurent rien à lui apprendre, car il connaissait tout ce qu'il était possible de savoir.

Le roi, son père, lui fit construire 3 palais magnifiques (les 3 mondes de l'évolution humaine), ne laissant rien approcher de lui qui pût le contrister, car il se souvenait de la prophétie d'Asita et de l'horoscope fait par les astrologues à sa naissance. Il faisait tout pour garder son fils comme héritier, ne souhaitant aucunement qu'il devînt un Buddha.

MARIAGE.

Le prince Siddhartha épousa, à l'âge de 16 ans, sa cousine, la princesse Yasôdhara ou Gopi. Il l'obtint en surpassant ses rivaux dans une sorte de tournoi (*Mêla*) (Analogie avec le mariage de Rama et de Sita).

Le mariage fut célébré selon le mode des Gandharvas :

Les époux sont assis sur un coussin en tissu d'or, entourés de guirlandes. On attache des fils aux bras des époux, on rompt le gâteau nuptial, on répand du riz et de l'attar (parfum), on place deux pailles sur le lait, leur rapprochement signifie l'amour jusqu'à la mort. Les époux tournent 3 fois autour de l'autel, en faisant chaque fois 7 pas (les nombres sacrés 3 et 7).

Les noces accomplies, le prince Siddhartha vécut avec la belle Yasôdhara dans une union parfaite. La naissance d'un fils, Rahoula, mit le comble à leur bonheur. Siddhartha Gautama ne sortait jamais de ses 3 palais, selon l'ordre de son père qui craignait qu'un spectacle fâcheux vint le tirer de l'état heureux dans lequel il vivait. (Les 3 palais, ou demeures matérielles de l'âme qui se complaît dans les jouissances des mondes inférieurs.) Cependant, une fois, on n'osa lui refuser de le laisser se promener dans la ville comme il désirait le faire. Il sortit donc avec un fidèle serviteur, nommé Tchanna.

Sur son chemin, il vit successivement un vieillard courbé et décrépit, puis un homme malade, porté sur une civière, ensuite un mort, et en dernier lieu, un moine mendiant.

CONVERSION.

Il fut frappé d'une grande tristesse, demanda des explications. On dut alors lui apprendre que telle était la condition humaine, assujettie à la misère, à la maladie, à la vieillesse et à la mort, qui sont les quatre plaies rongeant l'humanité. Le prince rentra dans son palais, après avoir conversé avec l'ascète mendiant, qui lui indiqua quelle vocation il devait suivre.

A partir de ce moment, le futur Buddha détourna sa pensée des plaisirs dans lesquels il avait vécu jusque-là, pour s'attacher uniquement à comprendre les causes de la douleur et la nature de l'homme.

> Ce récit est évidemment mythique, il signifie l'éveil de l'âme qui s'ouvre, perçoit la vérité cachée derrière les apparences mouvantes et éphémères de l'universelle Maya. Car il est inadmissible que le prince n'ait pas connu auparavant trois des grandes douleurs humaines : sa mère était morte, son père était vieux, son épouse, en donnant le jour à Rahoula, avait éprouvé les souffrances de la grossesse et de l'accouchement. Seule, la misère pouvait lui être cachée. Mais ce sens mythique de l'éveil de la compréhension est absolument juste : tant que l'être ne réalise pas la douleur d'autrui, il l'ignore, il peut la *penser*, il ne la *sent* pas.

A partir de cette révélation, le futur Buddha ressentit un amour immense pour tous les hommes, cherchant comment il pourrait leur apporter le salut.

Dans une existence ancienne, il avait renoncé au bonheur du Nirvâna (Brahmane Sumedha, au temps du Buddha Depankara), entendant se consacrer au service de l'humanité jusqu'à ce qu'il fût devenu Buddha, afin d'enseigner la libération à tous les êtres.

DÉPART.

Obéissant à sa vocation, il prit bientôt la résolution d'abandonner tout ce qu'il possédait : son héritage, sa femme, son enfant, son harem (1), son père et tous ses proches. Et une nuit, après un adieu muet à Yasodhara et à Rahoula, il partit, monté sur son cheval Kantaka, et accompagné de son écuyer Tchanna. Les Dévas avaient endormi les gardiens du palais, personne n'entendit passer les fugitifs, les portes de la ville furent ouvertes par les mêmes aides surnaturels, et ils se trouvèrent en liberté.

Ils arrivèrent à la rivière Anama, très éloignée de Kapilavastu. Là, le prince descendit de cheval, coupa sa chevelure, dépouilla ses ornements, les donna à Tchanna en lui disant de les rapporter à son père. Puis, il s'achemina vers Rajagriha, capitale du roi Bimbisâra, de Magadha.

Frappé par son aspect imposant, ce roi lui offrit de demeurer dans son royaume pour partager avec lui le pouvoir royal. Le nouvel ascète remercia, en souhaitant au roi la prospérité et la paix; puis, il poursuivit son chemin afin d'aller étudier avec des Brahmanes ermites, qui enseignaient que, par des pénitences sévères et la pratique de la méditation, l'homme peut acquérir la libération définitive.

LES DEUX BRAHMANES.

Ces deux maîtres, nommés Arâda et Oudrâka, lui exposèrent leur doctrine sur l'Atman, qui est le Moi de l'esprit, l'acteur de toutes les actions. Ils lui enseignèrent la Loi de Karma, la réincarnation, le rituel brahmanique, les pratiques qui mènent à l'état d'extase, dans lequel le Moi se délivre momentanément de l'existence matérielle.

______

(1) Car, en même temps qu'il avait pris pour première femme Yasodhara, il avait épousé un grand nombre de jeunes filles choisies parmi les plus belles du pays.

Siddhartha Gautama ne fut pas satisfait de leurs doctrines, qui ne pouvaient conduire à la délivrance finale. Il comprenait que l'idée du moi étant maintenue, ce moi devait fatalement renaître dans un monde ou dans un autre.

Le Moi, sentiment interne de la personnalité, est lié aux attributs (*Skandhas*) et n'en peut être distingué.

Il n'existe pas de moi distinct en dehors, ou derrière la personnalité humaine. Celui qui croit que le Moi est un être distinct se trompe. Même la recherche de l'âme est mauvaise.

Etudiant la loi de Karma, il l'admit comme indiscutable, tout effet ayant forcément une cause. La transmigration de l'âme est soumise à cette loi, mais la transmigration du moi personnel n'existe pas. La personnalité est un composé matériel et spirituel. Elle est faite de qualités évoluées lentement. Les racines de la perception sensorielle viennent d'ancêtres, qui développèrent ces sens par des expériences multiples.

Les idées, pensées par le mental, viennent d'individus ayant eu ces pensées antérieurement. Leurs combinaisons dans un mental nouveau forment les pensées qui semblent être nouvelles et personnelles.

Ceux qui ont subi les mêmes sensations et pensé les mêmes idées sont les ancêtres de la personnalité présente, comme le Moi d'hier est le générateur du Moi d'aujourd'hui.

Il y a donc transmigration sans réincarnation directe de la personnalité.

Et Siddhartha quitta les Brahmanes ermites pour chercher la vérité dans les temples. Là, il se sentit repoussé par la cruauté des sacrifices d'animaux, qui ne peuvent effacer les péchés de l'humanité, car un crime ne peut en expier d'autres.

Pensant que les rituels sont inefficaces, les prières de vaines répétitions de mots, les incantations des formules impuissantes, il s'éloigna du culte orthodoxe comme il avait quitté les ermites philosophes.

Il arriva ensuite à l'ermitage des cinq Bhikshous, dans la jungle d'Ouruvila. (Ouruvila, sur la rivière Nairañjana, aujourd'hui Buddha Gaya, où se trouve le temple de la Maha Bodhi.)

Là, il admira la constance des cinq moines, qui domptaient leurs sens en pratiquant une discipline très austère, et il se joignit à eux, se livrant à la macération et à la méditation abstraite.

Pendant six années, il s'imposa de véritables tortures, s'entraînant aux pratiques les plus rigoureuses. A la fin, il ne mangeait chaque jour qu'un seul grain de riz!...

Les cinq Bhikshous le reconnaissaient pour leur Maître. Sa renommée s'étendait, on venait de loin pour lui demander des conseils et être béni par Lui.

Cependant, il était exténué par les privations et, malgré cela, il ne trouvait pas la véritable science. Il dut s'avouer à lui-même qu'il ne rencontrait pas le chemin du salut.

La mortification n'éteint pas le désir; l'illumination n'est pas obtenue quand le corps est trop affaibli et que la souffrance physique trouble l'esprit, qui ne peut se maintenir dans l'état de calme contemplation.

Çakya-Muni, voulant alors se baigner, alla à la rivière, mais fut obligé de s'aider en saisissant les branches d'un arbre pour sortir de l'eau, tellement sa faiblesse était grande.

Et comme il marchait sur le chemin pour revenir à son ermitage, il tomba, mourant d'épuisement.

Les Bhikshous, le voyant inanimé, crurent qu'il était mort.

Cependant, la fille d'un berger, appelée Nanda (ou Sujata), passait, portant de la nourriture aux pasteurs. Elle s'arrêta près de Çakya-Muni; et, comme il reprenait connaissance, elle lui offrit du riz au lait, qu'Il accepta. Quand il eut mangé, son esprit redevint lucide et il fut en état de recevoir la suprême illumination.

2513 DU KALI YUGA.

L'ILLUMINATION SUPRÊME.

A partir de ce moment, il reprit de la nourriture, ce que voyant, les Bhikshous s'éloignèrent de Lui, pensant que son zèle diminuait.

Peiné de leur abandon, il s'en alla errer seul et dirigea ses pas vers l'arbre Bodhi, sous lequel il devait enfin découvrir la Vérité.

Pendant qu'Il avançait, les trois mondes tressaillirent, remplis d'allégresse. Mais Mara, le démon, seigneur des désirs, vint près du Bodhisattva pour lui faire supporter la grande épreuve finale. Entouré de légions de démons, il essaya de l'effrayer par le bouleversement des éléments : le Bienheureux demeura impassible. Mara fit avancer ses trois filles pour le tenter, mais nul désir n'effleura l'âme paisible du Çramana (ascète).

Mara commanda alors à ses cohortes d'attaquer le Bodhisattva, mais toute la fureur de l'enfer vint se briser devant le calme du Muni (Sage).

Les démons s'enfuirent en désordre et le Sage resta seul, plongé dans la méditation suprême, d'où il sortit illuminé par la Vérité, la Sagesse, il était devenu « Le Buddha ».

Cette tentation du Bodhisattva peut se comparer à celle du Christ dans le désert, après qu'il eut jeûné pendant quarante jours. Elle est triple, comme celle de Jésus, mais diffère un peu, quant aux motifs de tentation.

Les trois épreuves du Buddha, après sa purification ascétique, analogue au jeûne du Christ, portent :

1° Sur la peur des événements extérieurs impossibles à diriger : les forces naturelles hostiles à l'homme;

2° Sur la convoitise sensuelle;

3° Sur la violence, pouvant amener la destruction de la personnalité et par suite exaltant le sentiment d'égoïsme naturel chez tout être vivant.

Celles du Christ se rapportent :

1° A l'instinct de conservation personnelle (désir de la nourriture);

2° A l'amour-propre, la vanité;

3° A l'esprit de domination.

Elles sont plus complètes, mieux adaptées aux trois vices essentiels de la nature inférieure de l'homme :
La convoitise, l'orgueil, l'ambition.

Le Bienheureux demeura en méditation sous l'arbre Bodhi. Ayant découvert le moyen de salut pour tous les hommes, il resta dans la solitude sept fois sept jours, dans la félicité de la délivrance.

Deux marchands qui le virent, en passant près de l'endroit où Il se tenait, vinrent lui offrir de la nourriture, ils furent ses premiers disciples laïques (*Tapoussa, Bhallika*).

Cependant, le Maître de Sagesse hésita à venir prêcher sa Loi au monde, pensant qu'elle ne serait pas comprise.

« Celui qui vit dans le monde ne comprendra pas la doctrine, car pour lui, le bonheur n'existe que dans la personnalité, et la félicité qui consiste dans une soumission complète à la vérité, il ne peut la concevoir.

« Il appelle résignation ce qui est pour l'Illuminé la plus pure des joies.

« Il verra l'anéantissement là où le Parfait trouve l'immortalité. Il considérera comme la mort ce que le Vainqueur du Moi sait être la Vérité éternelle.

« La vérité demeure cachée pour celui qui est tenu dans la servitude de la haine et des désirs. Le Nirvâna reste incompréhensible et mystérieux pour l'esprit vulgaire que les intérêts mondains enveloppent comme des nuages. »

Et le Saint hésitait à prêcher la Loi.

Alors, Brahma Sahampati (le Seigneur des êtres patients, le Seigneur de ceux qui souffrent), descendit des cieux et pria le Bienheureux d'avoir compassion des êtres qui luttent et qui sont dans la peine.

Le Saint, après avoir considéré les misères des humains et vu que beaucoup d'hommes avaient de bonnes dispositions et seraient faciles à instruire, se décida en disant :

« Que la porte de l'immortalité soit large ouverte pour

tous ceux qui ont des oreilles pour entendre. Puissent-ils recevoir le Dharma (la Loi) avec foi! »

Et le Buddha sortit de sa retraite pour commencer son apostolat.

Apostolat

, Ayant obtenu l'illumination et s'étant décidé à prêcher sa doctrine, le Seigneur Buddha se dirigea vers la résidence des cinq Bhikshous, qui s'étaient détournés de Lui. Il alla les retrouver à Bénarès, dans le parc aux Daims, où ils demeuraient.

Sur son chemin, il rencontra un ancien ami qui refusa de le reconnaître comme Jïna (vainqueur), Saint, délivré du moi. Les Bhikshous l'accueillirent froidement, croyant qu'il avait adopté une vie mondaine.

Il les détrompa en leur enseignant la Voie moyenne, la Voie du Salut.

« La mortification est vaine tant que le sentiment égoïste persiste. C'est le désir qui souille l'homme, non la satisfaction modérée des besoins corporels (1).

« L'eau qui environne la fleur du lotus ne souille pas ses pétales.

« La sensualité rend l'homme esclave de ses passions, garder le corps en bonne santé est un devoir. »

Ayant exposé la voie moyenne, le Tathagata (Celui qui marche sur les pas de ses prédécesseurs), mit en mouvement la Roue de la Loi (2), démontrant la Vérité et indiquant la route qui mène au Nirvâna.

« Les rayons de la Roue sont les règles d'une conduite pure; la Justice est l'uniformité de leur longueur; la Sagesse est la bande; la modestie est la réflexion, le moyeu dans lequel est fixé l'essieu immuable de la Vérité.

« Celui qui a reconnu l'existence de la douleur, sa cause, son remède et son extinction, a pénétré les quatre nobles vérités.

(1) J.-C. a dit, de même, que la pensée mauvaise souille l'homme, non la nourriture qui lui est nécessaire pour vivre.
(2) Tourner la Roue de la Loi signifie prêcher la Doctrine.

« Les opinions droites seront la torche éclairant sa route.

« Les visées droites seront son guide.

« Les paroles droites seront son habitation sur la route.

« Il marchera droit, ayant une conduite droite.

« Ses rafraîchissements seront la manière droite de gagner sa vie.

« Les efforts justes seront ses pas.

« Les bonnes pensées sa respiration, et la Paix marchera derrière lui dans les empreintes de ses pieds.

« Le Moi est instable, ce qui a eu un commencement se dissoudra de nouveau. Tout souci de la personnalité est vain. Le moi est semblable à un mirage. Celui qui est éveillé est affranchi de la crainte. Il est devenu Buddha. Ayant reconnu qu'il n'y a pas de moi, l'homme est affranchi de toute crainte, il a trouvé la vérité qui demeure éternellement. »

Le plus âgé des Bhikshous, Kaudinya, approuva, disant :

« O Buddha, notre Seigneur, tu as trouvé la Vérité! »

Il fut le premier disciple religieux du Tathagata, recevant le surnom d'Ajnâta (qui a compris la doctrine).

LES TROIS VŒUX SOLENNELS.

Il demanda au Maître son initiation ainsi que les quatre autres Bhikshous. Tous prononcèrent trois fois les vœux solennels :

« Au Buddha, j'aurai recours avec foi.

« A la Doctrine, j'aurai recours avec foi.

« A la Congrégation, j'aurai recours avec foi. »

Le Buddha accepta leurs vœux, leur recommandant de s'aider les uns les autres, d'être unis comme des frères, de répandre la vérité, et de prêcher la doctrine dans tous les endroits du monde, afin que tous les êtres vivants puissent obtenir la connaissance de la vérité et la voie du salut.

Il instituait ainsi l'Eglise du Buddha, le Sangha, qui établit la communion entre tous ceux qui ont pris refuge dans le Buddha.

> On trouve ici une grande analogie avec la communauté des Apôtres, dont le chef, saint Pierre, est établi comme tel par le Christ. Les porteurs de la Bonne Nouvelle sont chargés également d'aller enseigner toutes les nations, les Juifs comme les Gentils, et la communion des Saints est proclamée dans le Credo chrétien.

Le Buddha commença sa prédication à Bénarès; il convertit le jeune Yachas, qui prit la robe jaune des moines buddhistes; puis, son père, qui devint disciple laïque, ensuite sa mère et sa femme, qui furent également ment disciples laïques (1).

De nombreux moines se joignirent rapidement au premier noyau de la communauté buddhiste et répandirent au loin les préceptes du Maître.

KACYAPA.

Çakya-Muni alla ensuite trouver l'ermite Kacyapa (ermite brahmane portant les cheveux tressés et rassemblés par une cordelette sur le sommet de la tête, *jatila*). Il lui demanda l'autorisation de passer la nuit dans la chambre où était conservé le feu sacré, gardé par un serpent. Kacyapa consentit à regret, craignant pour le saint la morsure du reptile, mais celui-ci ne put lui faire aucun mal, et il fut tué par la rage en voyant ses efforts inutiles. Kacyapa fut heureux en retrouvant le Sage vivant. Cependant, un sentiment d'envie demeurait dans son cœur et il ne pouvait admettre que le Buddha fût plus grand que lui. Le Maître, lisant dans sa pensée, lui montra que ce sentiment, issu de la personnalité, lui fermait le Sentier de Sainteté. Kacyapa se repentit et se prosternant, demanda l'Initiation. Le Maître lui dit de consulter ses disciples, les Jatilas, ado-

---

(1) Les disciples laïques sont comparables aux membres du tiers ordre de Saint-François.

rateurs du Feu. Tous se joignirent à lui et ils devinrent membres du Sangha.

Kacyapa d'Ourouvilla est reconnu par tous les buddhistes comme premier patriarche de leur religion et comme successeur de Çakya-Muni. On le distingue de ses deux frères, Kacyapa de Nadi, et Kacyapa de Gaya, qui devinrent également buddhistes, ainsi que leurs disciples.

CONVERSION DE BIMBASARA.

Le Buddha retourna ensuite à Rajâgriha, accompagné de Kacyapa.

Il revit le roi Bimbasâra, lui prêcha la doctrine et le convertit après lui avoir démontré la non-existence du moi. Le roi offrit son jardin de plaisance de Venouvana à la confrérie des Bhikshous.

ÇARIPUTRA.

A cette époque, vivait un ascète brahmane célèbre, nommé Sandjaya ; au nombre de ses disciples se trouvaient Çariputrâ et Maudgalyayana, de son vrai nom Kolita, qui, tous deux, cherchaient à atteindre le Nirvâna.

Ils rencontrèrent un jour Açvadjît, disciple du Buddhá, remarquable par sa conduite pleine de dignité. Son aspect fit sur les deux Brahmanes une si bonne impression qu'après leur avoir demandé qui était son Maître, ils résolurent de s'adresser à lui et allèrent trouver le Tathagata, suivis de leurs propres disciples. Tous prirent refuge dans le Buddha, qui accueillit Çariputrâ avec ces paroles : « Çariputrâ est semblable au fils aîné d'un monarque, maître du monde, qui, en qualité de premier disciple, aide le roi à faire tourner la roue de la Loi ». Çariputrâ tient, dans le buddhisme, la place de saint Pierre chez les Chrétiens.

ANATHAPINDIKA.

Attiré par la renommée grandissante du Maître, un homme charitable et fort riche, Anathapindika, de Bénarès, vint pour s'instruire auprès de Lui.

ATHÉISME, PRAGMATISME.

Le Buddha démontra de nouveau comment la nature instable est la racine de la douleur. Il nia l'existence d'Ishwara.

« S'Il existait, toutes les choses seraient soumises à son pouvoir sans murmures. Il n'y aurait pas de vertu à pratiquer, car d'Ishwara proviendraient le bien et le mal, et s'il y avait une autre cause, Il ne serait pas celui existant par Lui-même. »

Le Maître nia également que l'Absolu ait créé le Monde :

« Ce qui est absolu ne peut être cause. Toute chose provient d'une cause; l'Absolu ne peut être cause de choses particulières, et, s'Il est en elles, Il ne les crée pas. Le Moi n'est pas créateur non plus, sans quoi il n'aurait pas créé de choses mauvaises. Si donc, on dit encore qu'il n'y a pas de causalité, il est alors inutile de régler son existence en vue d'une fin heureuse. Donc, ni l'Absolu, ni Ishwara, ni le Moi, ni le hasard ne sont créateurs, mais nos propres actes produisent des résultats bons ou mauvais. Le monde est soumis à la Loi de causalité. Les prières, les spéculations subtiles, le Moi et son égoïsme sont choses inutiles et mauvaises. On doit pratiquer le Bien, afin que le Bien résulte de nos actions. »

Anathapindika approuva les paroles du Maître et demanda s'il devait cesser de s'occuper de ses affaires et abandonner ses biens.

Le Buddha l'en détourna :

« Celui qui, possédant la richesse, s'en sert avec justice, sera une bénédiction pour ses frères. Ce n'est pas la

vie, la richesse, la puissance qui rendent l'homme esclave, mais l'attachement à la vie, à la richesse, au pouvoir. »

On peut faire ici un rapprochement avec le Maître de
Judée disant : « Ce n'est pas la nourriture qu'il mange
qui souille le cœur de l'homme ». Mais ceci s'applique à
la vie dans le monde, non à la vie spirituelle, qui doit être
cherchée dans l'abandon de tous les biens terrestres. La
vie de perfection a été définie par Lui d'une façon beaucoup plus stricte :

Vendre ses biens, en donner le produit aux pauvres,
ce à quoi le jeune homme riche de l'Evangile se refusa,
l'épreuve lui semblant trop amère; et il s'attira la réponse : « Il est plus facile à un chameau de passer par le
trou d'une aiguille, qu'à un riche d'entrer dans le Royaume
des Cieux ». — Un autre passage de l'Evangile est encore
plus sévère, puisqu'il exige une renonciation absolue à tous
les biens terrestres : « Quitte ton père et ta mère, prends
ta croix et suis-moi ».

On peut dire qu'il y a la voie moyenne, celle indiquée à
Anathapindika par le Maître oriental, et la voie royale
suivie par Lui-même lorsqu'il quitta son royaume et sa
famille pour revêtir la robe de moine mendiant, cette
dernière voie étant analogue à celle enseignée et pratiquée
par Jésus.

Cette obligation de quitter les êtres chers, de tout abandonner a été discutée. On y a souvent trouvé une dureté
de cœur très grande, accompagnée d'un mépris total à
l'égal de devoirs dont on refuse d'accepter l'obligation
morale. Cela est évidemment exact, quant à l'humanité
commune : nul n'a le droit de se soustraire aux devoirs
qui lui incombent, et, suivant les lois très justes de l'Inde,
on ne doit s'occuper de son propre salut que lorsqu'on a
rempli ses devoirs de citoyen et de chef de famille. Mais
les âmes supérieures obéissent à une loi qui dépasse les
limites ordinaires. Les deux grands Instructeurs du monde,
le Buddha et le Christ ont fait passer l'intérêt de l'humanité avant celui de leurs propres parents : Ils ont eu le
droit et le devoir d'agir ainsi.

Quant aux êtres assoiffés d'idéal, désireux de vivre une
vie supérieure incompatible avec les devoirs sociaux, ils
doivent s'interroger bien profondément sans chercher à
s'illusionner sur leur valeur, avant de se permettre de renoncer à la loi commune. Car le désir de se libérer des
liens ordinaires repose trop souvent sur des buts personnels et égoïstes. Il n'appartient pas à tout le monde d'épou-
ser « Dame Pauvreté » et de renier ses parents en aban-
donnant toute contrainte sociale. Ceux qui sont destinés
à devenir de grands serviteurs de l'humanité peuvent le

faire, les autres doivent s'abstenir. Et il est malheureusement trop facile de se tromper sur la valeur réelle que l'on possède.

Le discours du Buddha mérite également quelques commentaires :

On y trouve marquée la note matérialiste caractéristique du Buddhisme, qui se rattache beaucoup plus étroitement à la philosophie athée du Sankhya qu'aux autres systèmes spiritualistes de l'Inde :

La négation de l'Absolu, en tant que principe créateur, d'Ishwara comme Dieu manifesté, et du Moi comme source de vie permanente font que, seule, la Loi de Causalité ou de Karma existe.

Or, si cette Loi peut être admise comme régissant le sort d'un individu, elle n'explique pas comment cet être spécialisé a pu se développer et devenir ce qu'il est à un moment donné de son évolution. Il est de toute nécessité le résultat de tendances ou forces réagissant les unes sur les autres, mais la possibilité de développer ces tendances d'où lui vient-elle? Qu'est-ce qui a fait de lui un être séparé, possédant des forces à l'état latent et qui deviendront actives peu à peu? Le hasard est nié par le Buddha, donc le jeu inconscient des forces naturelles n'explique pas la création.

D'ailleurs, la question ne se pose pas seulement à propos de l'individu humain, mais pour tout ce qui existe, pour la plus infime créature aussi bien que pour le plus vaste système solaire, et même pour le Kosmos entier. Le Buddhisme ne peut cependant prétendre que, si la loi de causalité régit l'homme et explique, non sa présence, mais son état actuel sur la terre, cette loi karmique humaine soit la cause suprême qui a créé le ciel et la terre, les univers sidéraux comme le petit globe qui semble si important à l'homme seulement parce qu'il ne lui attribue pas sa place réelle dans le monde, dont il n'est qu'une parcelle infime.

Avant l'apparition de l'homme, l'univers existait, comme il continuera d'être après la mort du système solaire auquel il appartient. Le monde, tel qu'il apparaît maintenant, dans son immensité infinie et sa complexité, obéit à des lois que la science moderne s'efforce de comprendre. Le peu que l'homme actuel arrive à connaître démontre l'existence de lois immuables, mathématiques, chimiques, physiques, dans lesquelles l'intelligence apparaît sans contestation possible. Les choses sont réglées en vue d'un but à atteindre. Or, comment admettre qu'une chose, dépourvue à l'origine de toute intelligence et de toute connaissance, puisse se développer selon des lois intelligentes qu'elle ne posséderait pas tout d'abord et qui n'exerceraient leur influence qu'au cours de l'évolution de l'être? Pour qu'elles deviennent actives, il faut qu'elles existent dès le principe et qu'elles soient la loi de vie de l'être. Comme toutes choses sont liées dans l'univers, il s'ensuit que cette loi de vie spécialisée est rattachée à la loi de vie universelle, l'intelligence totale qui s'exprime par les êtres et les choses. Cette intelligence suprême du monde est le Dieu que les Buddhistes nient, l'Ishwara du système de Patanjali, le Soi des Védanta, le Jnan ou la connaissance suprême de l'Adwaîta.

De cette intelligence absolue, l'être séparé est participant, selon ses mérites et son degré de développement particulier. Refuser de reconnaître la possibilité d'élargissement de la conscience humaine qu'offrent les systèmes théistes est limiter cette conscience, la rétrécir à la mesure d'un pauvre être éphémère, destiné à l'anéantissement du moi inférieur tout d'abord et, finalement, à l'engloutissement dans un tout considéré sous l'aspect d'un ensemble de forces mécaniques aveugles, puisque non centralisées en une cause synthétique, consciente, douée de volonté, d'amour et d'activité. Le buddhisme refuse à la Conscience universelle une individualité; il en résulte que l'homme en est également dépourvu. C'est une doctrine de mort, non de vie, dont le résultat logique est le détachement d'une existence dans laquelle l'homme n'entrevoit pas de but plus élevé que de s'en évader à tout prix, pour se replonger dans l'océan des forces cosmiques dont il a été un moment séparé en tant qu'être vivant. Il considère avec raison que cette existence ne lui apporte que souffrances et que ses misères ne lui servent de rien, puisque le but final sera toujours le même; donc, l'évasion la plus rapide sera la meilleure voie à envisager. Le bien est inutile, il ne sert qu'à préparer des existences meilleures, mais comme la condition humaine est toujours mélangée de bon et de mauvais, même si le bon l'emporte, il est encore plus avantageux de ne pas courir le risque de supporter des misères qu'il vaut mieux éviter, puisqu'il existe des maux que nul ne peut détruire, à moins d'être affranchi de toute réincarnation possible.

Il est curieux de constater que le sentiment de la misère humaine était prédominant chez les contemporains du Buddha, puisque la démonstration de la non existence du Moi suffisait à les convertir aux théories du Maître. Ils étaient heureux de savoir que la cessation de l'existence était chose réalisable. Le plus sombre pessimisme n'a rien trouvé de plus terrible. A côté de cette horreur de la vie, le matérialisme contemporain est une doctrine spiritualiste : car, si l'athée n'espère aucune survie, ne demande aucune récompense, il s'efforce d'améliorer le sort de ses frères de misère, il ne travaille ni pour lui, ni pour aucun être particulier, il n'envisage que l'avenir de la Race humaine pour laquelle il peine, en vue de lui procurer des conditions d'existence plus favorables que celles qu'il a eues lui-même. Il ne croit pas au Paradis des religions, il tâche d'en préparer un sur la terre, non pour lui, mais pour l'humanité future. Cet idéal, empreint du plus pur désintéressement, est plus élevé que celui qui consiste à prêcher l'évasion de la Race humaine hors de son champ d'activité légitime qui est la vie terrestre. Poursuivre l'amélioration des conditions de vie sur la terre implique évolution morale et physique de l'homme, les deux termes : race et individu étant solidaires l'un de l'autre. Or, de par l'analogie existant entre les plans de la nature, une harmonisation est nécessaire entre l'état matériel et les états hyperphysiques du monde. Le progrès sur un plan réagit sur les autres. Le plan physique étant nécessairement celui de l'action, est à la base de toute évolution possible. Si l'homme progresse dans le domaine matériel, il s'ensuit qu'il évolue également dans tous les plans où sa nature si complexe a accès. Ce n'est pas en se détournant du monde matériel, par crainte de la souffrance, qu'il avancera sur la voie évolutive, car, dans ce recul en face de la vie et de ses épreuves, il y a lâcheté, égoïsme et ingratitude. L'homme doit tirer des leçons utiles de tous les événements désagréables qui lui arrivent et sa grandeur véritable est de transmuer la souffrance en Sagesse, en se dépassant toujours lui-même. C'est ce besoin de s'élever qui le différencie des animaux, c'est là le levier indispensable qui permet à la conscience humaine d'espérer un épanouissement futur qui semble devoir être illimité, puisqu'il s'étend jusqu'à la participation toujours plus grande à la Conscience universelle, c'est-à-dire à l'Intelligence suprême qui a semé en chaque homme un germe de vie et d'intelligence qu'il doit faire fructifier, non chercher à stériliser. Si le figuier qui ne portait pas de fruits a été maudit par Jésus, ce n'est pas sans raison. Or, ce n'est pas fructifier que se replier sur soi-même en cherchant un nirvâna personnel, c'est-à-dire en détachant de l'arbre de vie, que représente l'humanité, une petite ramille qui ne servira plus à rien ni à personne. Pour que le Nirvani puisse être utile, il faudrait admettre que l'homme libéré trouve un champ d'activité supérieur lui permettant d'aider le monde d'une façon autre que celle qu'il pouvait trouver sur le plan matériel. Cela serait contraire au terme Nirvâna qui signifie : « État dans lequel toute modification a cessé, là où nul souffle ne vient faire vaciller la flamme ». La vie est caractérisée par le souffle (inspir-expir) symbolisant les échanges avec l'extérieur, il est donc évident que l'état nirvânique est au delà de l'existence manifestée. Il se rapporte à un mode de vie dans lequel l'individu, en admettant qu'il demeure conscient, est replié sur lui-même, par conséquent hors d'état de réagir sur son milieu; il est donc inutile, puisqu'il n'a ni action ni réaction. Viser à obtenir cet état est se séparer volontairement de l'humanité collective. Cet idéal est loin d'être empreint de charité pour ses semblables. Il ne comporte pas l'adoration de la force suprême des religions spiritualistes, car cette Force-Dieu est niée par le buddhisme, en tant que Vie, Amour, Intelligence du monde. Cette adoration serait du reste opposée à l'état statique du Nirvani, puisque ce serait une force d'expansion, une énergie rayonnante et agissante.

Ces quelques réflexions font aisément comprendre combien l'idéal Buddhiste est différent de celui des races occidentales. Cet égocentrisme serein, mais froid et personnel, est loin de la véritable communion des Saints proclamée par l'Eglise chrétienne (1).

Reprenant le cours de la vie du Buddha, on le retrouve à Çravasti acceptant le don d'Anathapindika offrant de fonder un Vihara (monastère).

RETOUR A KAPILAVASTU.

A cette époque, le Père du Buddha, le roi Çuddhodana, envoya un messager à son fils pour lui demander de venir le voir. Le Maître partit pour Kapilavastu. Son père, accompagné de ses parents et de sa cour, vint au devant de Lui; en le revoyant, il comprit, avec chagrin, quelle distance était maintenant entre eux, et la douleur l'accabla.

Voyant son chagrin, le Buddha le consola en lui disant :

« Que les liens d'amour qui vous attachent au fils que vous avez perdu embrassent avec une bonté égale tous les êtres. A la place de ce fils, vous en recevrez un plus grand que Siddhartha : vous recevrez le Maître de vérité, le prédicateur de justice, et la paix du Nirvâna pénétrera dans votre cœur. »

(1) Cette communion a été reconnue par le troisième concile buddhique à une époque où les théories primitives avaient été déjà beaucoup modifiées. On doit aussi remarquer qu'il y a deux degrés de libération : celle du Buddha parfait ou de compassion, et celle du Pratyeka Buddha, ou Nirvâni, entièrement détaché du monde.

On peut comparer ces paroles avec celles du Christ à ses parents le cherchant dans le temple; à la réponse adressée à Marie, aux Noces de Cana et aux instructions dernières du Maître sur la croix : « Mère, voici ton Fils » en désignant saint Jean, qui représente l'humanité, fille de Marie, Maha Maya, la Substance cosmique, Mère des Formes.

Cependant, le roi étant retourné dans son palais, Çakya-Muni demeura dans le bois et prit son écuelle pour mendier de la nourriture, au grand scandale de toute la cour et de son père, qui lui reprocha cet acte comme une injure.

Le Buddha fit alors allusion à sa descendance spirituelle : « C'est la coutume de ma race », à quoi le roi répliqua : « Comment cela peut-il être? Vos ancêtres furent tous des rois, aucun d'eux ne mendia jamais sa nourriture! ».

« O grand Roi, répondit le Maître, vous et votre race, vous pouvez vous réclamer d'une origine royale. Moi, je descends des Buddhas des anciens âges. Mendiant leur nourriture, ils vivaient d'aumônes. »

Pour la doctrine occulte, le grand Etre nommé Bodhisattva, puis Buddha, quand il a atteint l'Illumination suprême, est, en effet, le Fils spirituel du Dhyani Buddha précédent. Il est le Fils véritable, le représentant sur la terre de son Père qui est dans les Cieux.

Ici encore on peut établir un rapprochement avec la doctrine du christianisme. Le Buddha est le successeur, par voie de filiation directe, des Buddhas précédents. Chaque Dhyani-Buddha étant pour une race la manifestation de la Divinité.

Le Bodhisattva est le Fils unique, vivant sur la terre, pour apporter aux hommes le salut. La durée de l'apostolat du Bodhisattva comprend l'évolution complète d'une Race. Il est admis, que toujours veillant sur sa Race, il demeure sur le plan immédiatement supérieur au monde physique, c'est-à-dire sur l'astral, mais il s'incarne plus ou moins complètement quand cela est nécessaire. Il peut revêtir la forme humaine vivant parmi les hommes ou seulement inspirer un être choisi, s'incarner partiellement en lui. Dans ce cas, le disciple en qui le Bodhisattva s'incarne porte le titre de Manushi Bodhisattva ou Manushi Buddha. Il est à noter que ces théories ayant quelque rapport avec la reconnaissance d'une intelligence synthétisant une race, ou Dhyani Buddha, se rapproche des théories théistes. Mais, d'autre part, ces vues appartiennent spécialement au buddhisme du Nord mélangé de traditions venues du folklore et de théories provenant de la Doctrine archaïque remontant probablement à l'Atlantide. Le Le buddhisme thibétain admet l'Ame collective du monde Alaya, désignée également sous le terme Avalokiteshwara (1), ce dernier nom pouvant être pris comme désignant la Divinité. Dans ce système, on trouve le Médiateur, équivalant au Bodhisattva, désigné au Thibet sous le nom de Tchenrési, représentant de la Divinité, s'occupant du salut des hommes dans les mêmes conditions que le Bodhisattva et le Buddha des Buddhistes rattachés au Mahayana des contrées du Nord.

Le Tathagata revit ensuite sa femme, Yasodhara, qui vivait dans la tristesse et l'isolement depuis qu'il l'avait quittée. Il la consola également.

Beaucoup d'hommes éminents se joignirent au Sangha.

ANANDA.

Ananda, fils de Prajapati et demi-frère du Buddha, devint son disciple préféré. C'est le saint Jean buddhiste.

Devadatta (Dieu donné), son beau-frère, entra dans la nouvelle religion afin de s'y faire une situation prépondérante. Jaloux du Buddha, il essaya de créer un schisme. Il se repentit avant de mourir de l'opposition qu'il avait faite au Buddha. Quelques traditions indiquent qu'il avait tenté de le faire tuer sans y parvenir. C'est le Judas buddhiste.

Le barbier de la cour, Oupali, devint par la suite un disciple éminent et fut chargé de réciter le Sutra au premier concile de Rajagriha, après la mort du Maître.

Le philosophe Anuruddha, cousin germain de Çakya-Muni fut un des grands disciples considéré comme le Maître le plus versé dans la métaphysique.

Yasodhara envoya son fil Rahula réclamer à son père l'héritage qui devait lui revenir. L'enfant, s'approchant

(1) Avalokiteshwara est pris généralement comme âme manifestée. Second terme, équivalent au Fils chez les Chrétiens. Adi-Buddha, ou Alaya étant pris pour premier terme, ou équivalent de Père. Le sens n'est pas absolu.

du Buddha, lui dit : Mon Père! O Çramana! même votre ombre est une place de félicité!

Le jeune prince fut béni par son Père et admis comme novice dans l'ordre. Il est considéré comme le chef et le protecteur des novices entrant dans le Sangha. Cependant, sur une observation de Çuddhodhana, le Buddha promit de ne plus accepter de novices mineurs sans l'assentiment des parents.

Le Buddha alla ensuite à Çravasti voir le Vihara offert par le riche Anathapindika et le prince royal Djeta. Le Maître accepta le don et prêcha la Doctrine :

« Nos bonnes et nos mauvaises actions nous suivent comme notre ombre. Ce qui est le plus nécessaire est un cœur aimant. »

(Aimez-vous les uns les autres.)

« Ce que nous semons, nous le récoltons. »

« Il y a des chemins qui conduisent de la lumière aux ténèbres et des ténèbres à la lumière. Il y a des chemins aussi qui mènent de l'obscurité à des ténèbres plus profondes, et de l'aube à la lumière plus brillante. Le sage utilise la lumière qu'il a pour obtenir plus de lumière, il avancera constamment vers la Vérité. »

A cette époque, le Buddha fut atteint d'une maladie amenée par l'usage de se vêtir de haillons sordides. Il en était de même pour beaucoup de moines.

Le médecin du Roi Bimbisâra, nommé Djivaka, amena le Buddha à renoncer à cette coutume. Les religieux furent vêtus décemment de robes jaunes.

Le roi Çuddhodhana mourut ayant son fils pour l'assister à ses derniers moments et l'aider à obtenir l'Illumination.

ADMISSION DES FEMMES DANS LE SANGHA.

Yoçadhara avait demandé, inutilement trois fois, d'être admise dans le Sangha. Après la mort du roi, sa veuve Prajapati fit la même demande, accompagnée de Yoçadhara et d'un grand nombre de femmes.

ORGANISATION DU SANGHA.

Le Buddha consentit alors à les admettre dans le Sangha. Elles prononcèrent les vœux et furent admises comme Bhikshounis (*en pâli, upâsakâ et upâsikâ*).

Interrogé par les Bhikshous sur la conduite qu'ils devaient tenir envers les femmes, Çakya-Muni les mit en garde contre les artifices féminins, leur recommandant d'observer les préceptes suivants :

« Si la femme est vieille, regardez-la comme votre mère;

« Si elle est jeune, comme votre sœur;

« Si elle est très jeune, comme votre fille. »

Le Bienheureux institua des jours de repos et de sanctification : le huitième et le quinzième jour du mois. C'est l'Oupavastha ou Sabbat des buddhistes. Il ordonna encore que ces deux jours soient consacrés au déchargement des péchés : (*Prâtimoksha*) confession publique.

DHIRGAYU.

Il survint ensuite une sorte de schisme dans le Sangha : deux partis s'étant formés parmi les moines au sujet d'un frère accusé d'une faute non prouvée.

Ces dissensions produisirent un mauvais effet sur le public, et attristèrent le Maître qui raconta aux Bhikshous l'histoire de Dirgheti, roi de Kaçola, et de Brahmadatta, roi de Kaçi. Ce dernier, étant le plus puissant, attaqua l'autre, lui ravit son royaume et, plus tard, le fit tuer ainsi que sa femme. Leur fils, Dhirgayu, entra sans être connu au service de Brahmadatta, devint son favori et finit un jour par tenir à sa disposition celui qui était cause des malheurs de sa famille. Cependant il ne le tua pas, obéissant aux dernières paroles de son Père :

« Ce n'est pas par la haine que la haine est apaisée. La haine est apaisée par l'absence de haine seulement. »

Le fils de Dîrgheti se fit reconnaître, les deux rois abjurèrent toute haine, le vaincu rentra en possession de son royaume et épousa la fille de Brahmadatta, la haine étant éteinte par l'Amour.

Les Bhikshous comprirent la leçon et la concorde régna de nouveau parmi eux.

Tous les grands Maîtres ont conseillé d'opposer l'amour à la haine, cela étant l'application de la loi occulte qu'Ils connaissaient : toute vibration émanée d'un centre vibratoire donné, vient renforcer un état vibratoire de même nature. Une vibration, correspondant à la colère, à la haine, dirigée vers un ennemi, se trouvant lui-même en proie à la haine, rendra fatalement sa colère plus active. Par suite, sa propre réaction atteindra de nouveau plus fortement son ennemi, et il est facile de comprendre qu'à cet état de choses, il deviendra très difficile de mettre fin. Si, au contraire, une vibration de paix, d'amour est opposée, la vibration de haine, ne trouvant pas de réponse, refoulée sur celui qui l'a émise, reviendra affaiblie. Ce processus, au bout d'un temps proportionnel à sa puissance initiale, amènera l'anéantissement de la vibration mauvaise, cela d'autant plus rapidement, que la vibration d'amour envoyée vers celui qu'on refuse de considérer comme un ennemi, arrivera à pénétrer à travers la coque de haine qui l'enfermait, car les forces du bien, appartenant à un plan supérieur, interpénètrent les forces inférieures de séparation et de haine.

La loi du pardon, enseignée sous la forme de la parabole buddhique ou sous celle des commandements du Christ, est donc parfaitement justifiée. Etrange peut sembler l'ordre de tendre la joue droite si l'on a été frappé sur la gauche; cependant, il n'y a pas d'autre moyen à employer si l'on veut éviter les répercussions amenées par la violence, qui toujours appelle la violence.

Cette Loi d'action et de réaction vibratoire existant entre les êtres, sur tous les plans, pose devant la conscience un problème fort grave. Si l'agresseur est puissant, si la colère ou l'ambition l'aveuglent, il y a danger de perte de l'individu attaqué et qui ne se défend pas (ceci pouvant s'étendre jusqu'à comprendre une nation entière). Dans ce cas, la loi d'amour et de pardon doit-elle être imposée? Il est bien difficile de se prononcer : Selon la stricte loi occulte, elle devrait l'être. Et cependant, devant l'aveuglement de l'agresseur, s'il ne veut pas entendre raison, il est inadmissible de condamner qui que ce soit à prononcer son arrêt de mort. Car, qui pourrait, dans ce cas savoir quand et comment l'agresseur serait amené à réparer, si toutefois le mal était réparable? Ce que l'on peut dire, c'est que tous les moyens doivent être employés pour faire comprendre à l'agresseur qu'il va commettre un acte dont il supportera assurément la réaction nuisible. Mais si rien n'arrête sa mauvaise foi, l'homme a le devoir de défendre sa vie, pourvu qu'il ne cède à aucun sentiment de vengeance et limite son action à la seule conservation de son existence, ceci comprenant les nécessités auxquelles l'être vivant est astreint. Nul n'a le droit de spolier, de tuer, de maltraiter; le malfaiteur doit être mis hors d'état de nuire. Au delà de la stricte défense, toute action ayant pour mobile la haine sous ses formes multiples, est créatrice de haine, donc condamnable parce que nuisible à l'être et à l'espèce. L'Amour est source de bonheur, il amène la dilatation du cœur, tandis que la haine est une contraction douloureuse pour celui qui la conserve en lui-même et pour celui qui consent à l'accueillir. Repousser la haine par l'amour, pardonner à ses ennemis, être un centre de vibrations bénéfiques de paix et de sympathie pour tous, amis et ennemis, sont des commandements formulés par les grands Maîtres qui, tous, ont cherché à rendre les hommes meilleurs en leur apprenant les règles de la Science de la Vie, qui est aussi la Science du Bonheur. Au delà des limites des plans inférieurs, vie et bonheur sont une seule et même chose : Ananda, l'éternelle félicité des mondes de l'esprit, dont l'homme, de par sa nature spirituelle, peut devenir participant, s'il consent à faire l'effort nécessaire pour réaliser en lui l'union divine.

ENSEIGNEMENT DU BUDDHA.

Continuant d'enseigner, le Buddha expliqua que la nature raisonnable de l'homme est l'intelligence; une fois développée, elle ne peut plus être perdue. Cependant, de nouvelles naissances sont parfois nécessaires pour conquérir l'existence supérieure où l'on découvre la Lumière, source de toute vérité.

Le Maître mit ses disciples en garde contre l'orgueil qui peut provenir de la possession des Siddhis ou pouvoirs. Il leur défendit aussi de faire usage de charmes et de prières.

Ici, une remarque doit encore être faite : Si l'usage de charmes, de pratiques magiques est à réprouver, il n'en est pas de même de la prière. A condition qu'elle soit humble et désintéressée, la prière élève le cœur de l'homme, elle le met en rapport avec des entités spirituelles plus grandes que lui, et, par leur intermédiaire, les forces qui lui sont nécessaires peuvent lui être données.

Le Buddhisme, dont le fond est un matérialisme athée, ne peut recommander la prière à un Dieu qu'il ne reconnaît pas. Cette doctrine proclamant la Loi inéluctable d'action et de réaction (le Karma), n'admet pas que la Loi puisse être modifiée par des prières, non plus que par l'intervention d'aucune volonté particulière. En cela, elle est très éloignée du christianisme enseignant à l'homme qu'il doit être humble et prier afin de mériter l'indulgence et la Miséricorde divine. Cette miséricorde, il ne peut espérer l'obtenir que grâce aux mérites de la Passion du Rédempteur auxquels il doit s'unir en pensée et en action, s'il veut s'en rendre digne.

Ici les conceptions fondamentales des deux religions sont tellement éloignées qu'on ne peut faire aucun rapprochement entre elles.

POÉSIES BUDDHIQUES.

Pendant la période d'apostolat du Buddha, une épidémie décima la population de l'Inde.

LIVRE DE JOB. — L'ECCLÉSIASTE.

Un poète buddhiste composa à cette occasion deux poésies et les récita aux moines. On y trouve des phrases rappelant des paroles connues de la Bible.

« A moins que vous ne trouviez le repos du Nirvâna, tout est vanité, désolation. »

« Le monde, y compris l'homme, est semblable à un fantôme, l'espoir du ciel est comme un mirage. »

« Toutes les choses du Monde seront balayées. »

« Ils convoitent les richesses et ne peuvent jamais en posséder assez. »

« Ils sont comme des marionnettes tenues par un fil;

« Quand le fil se rompt, ils tombent par terre lourdement. »

« Dans le royaume de la mort, il n'y a ni grand ni petit. »

« Tout est vain si vous n'obtenez pas la paix du Nirvana. »

Continuant ses instructions, le Buddha définit l'homme fort, celui qui a vaincu le Moi et la vivacité du moi : il est calme, résistant, sans reproche. L'homme sage est celui qui a obtenu la vie intérieure et connaît la **propre** nature de son être.

(« Connais-toi toi même » du temple de Delphes.)

Dix choses rendent mauvais les actes des vivants.

LES DIX PÉCHÉS.

1° Trois péchés du corps :

Le meurtre, le vol, l'adultère.

2° Quatre péchés de la langue :

Calomnier, mentir, injurier, parler inutilement.

3° Trois péchés de l'esprit :

La convoitise, la haine, l'erreur.

Celui qui les évite marche dans la voie droite.

On peut voir que trois péchés se rapportent à l'action, quatre à l'intellect qui s'exprime par la parole, deux à l'élément sensible (le *Kama* hindu), enfin l'erreur est la source de tous les péchés puisque l'homme s'imagine généralement qu'il fait bien, sinon pour les autres, au moins pour lui, lorsqu'il commet les pires sottises. C'est pourquoi il est enseigné que la connaissance de la Vérité libère l'homme et le soustrait au péché.

Le Maître indique quel est le chemin de la religion, le *Dharmapada* (ou chemin du devoir) qui est la voie de l'effort sur soi-même.

« Celui qui se comporte comme il enseigne aux autres de le faire, étant lui-même dompté, peut dompter les autres. »

« On aperçoit aisément la faute d'autrui, mais il est malaisé de voir la sienne. »

« L'homme vanne les fautes de son voisin comme menue paille, mais il dissimule la sienne ainsi qu'un tricheur ses faux dés. » (Analogie complète avec la parabole de la poutre et de la paille des Evangiles.)

« Ce n'est point sur les défauts des autres, leurs péchés d'actions ou d'omissions, mais seulement sur ses propres méfaits que le sage doit se lamenter. »

« L'extinction du désir coupable est la meilleure religion. »

« Surmonter la colère par l'amour,

« Combattre le mal par le bien,

« L'avarice par la libéralité,

« Le mensonge par la vérité. »

RÉFUTATION DES DOCTRINES BRAHMANIQUES.

Comme le Maître était en voyage, deux Brahmanes vinrent l'interroger sur la voie à suivre. Çakya-Muni leur demanda si un maître versé dans les Védas a vu Brahma face à face. Sur leur réponse négative, Il conclut que les brahmanes montraient le chemin d'une union avec ce qu'ils ne connaissaient pas, et que les Védas ne conduisaient pas au but. Il leur demanda ensuite si Brahma était plein de méchanceté, de paresse, d'orgueil. Ils répondirent que non. Le Maître, continuant son interrogatoire, demanda : « Les Brahmanes sont-ils exempts de ces vices? » — Non, Seigneur, répondirent-ils. Alors le Saint continua ainsi : « Les Brahmanes sont attachés aux cinq choses qui mènent à la mondanité, succombant à la luxure, la méchanceté, la paresse, l'orgueil et le doute. Comment pourraient-ils s'unir à ce qui est le plus dissemblable de leur nature? C'est pourquoi la triple sagesse des Brahmanes est un désert aride, une irrémédiable désolation. »

Et Il enseigna aux brahmanes quel est l'octuple sentier menant à la félicité suprême de l'illumination, sentier reposant sur la purification, les qualités morales et l'amour pour tous les êtres.

Ici, le Buddha se sépare complètement de l'orthodoxie brahmanique. Il ne nie pas l'existence de Brahma, mais s'en prend aux pratiques du culte établi. On comprend sans peine qu'une lutte terrible allait s'ensuivre entre les fidèles de l'ancien régime et les partisans du nouvel évangile.

Les prêtres ne pourraient jamais pardonner à celui qui venait annoncer l'inutilité de toute forme cultuelle n'étant pas accompagnée par l'effort personnel. La tradition si révérée des livres sacrés et l'intervention du clergé ne peuvent procurer le salut.

> C'est une analogie de plus entre l'enseignement du réformateur de l'Inde et celui du Christ, qui encourut la haine du Sanhédrin juif pour les mêmes raisons. On doit cependant remarquer que le Maître de Judée, au lieu de nier l'autorité des Écritures s'appuyait sur Elles, disant qu'Il venait pour compléter la Loi, l'accomplir, non la détruire, car Il était le Messie annoncé par les Prophètes.

Le Buddha ne s'appuie sur rien de semblable : ni révélation, ni manifestation divine, rien que l'effort de l'homme sur lui-même. Par cet effort, il se dégage du Karma; la purification, l'amour ouvrent son intelligence, développent son intuition, et le mènent à la connaissance de la vérité.

RÉFUTATION DE L'UTILITÉ DES CONJURATIONS MAGIQUES ET DU RITUEL.

De même, voyant un homme qui se tournait vers tous les points de l'horizon, en faisant des incantations pour protéger sa maison contre les influences mauvaises, Il lui recommanda de la protéger, non par des cérémonies, mais par de bonnes œuvres.

« Tournez-vous vers vos parents à l'est, vos maîtres au sud, votre femme et vos enfants à l'ouest, vos amis au nord. Placez le zénith de vos instructeurs religieux au-dessus de vous et le nadir de vos serviteurs au-dessous de vous. »

Autrement dit, entourez-vous de bonnes pensées d'affection et de dévouement adressées à tous ceux qui vous sont chers. Là, est la meilleure préservation de votre foyer et de vous-même.

DOCTRINE DE L'ACTION.

Questionné par Simha, général de la secte des Nir-granthas (*Jïnas*), sur la question de savoir s'Il enseignait une doctrine d'inaction, en niant la conséquence des actes, le Buddha répondit qu'Il prêchait l'anéantissement des actions mauvaises, par pensées, paroles, actions. « Celui qui a détruit ces états d'âme, a accompli la destruction du moi ». Mais Il dit également qu'il faut faire naître les états d'âme qui sont bons, accomplissant tous les actes justes, par pensées, paroles, actions, la vérité et la vertu étant toujours dignes de louanges.

Interrogé de nouveau par Simha, qui désirait savoir s'il est répréhensible de combattre pour la protection du foyer attaqué injustement et si on doit laisser le malfaiteur agir comme il lui plaît, le Bienheureux répondit par des paroles semblables à celles de Krishna, dans le Bhagavad-Gîtâ (le chant du Seigneur, tiré du *Mahabharata*).

« Il ne faut point faire de mal à un être vivant, être rempli d'amour et de bonté, mais cela ne s'applique pas à la punition méritée par des actes mauvais. Celui qui est puni souffre, non par la cruauté du juge, mais à cause de ses actions mauvaises, qui ont attiré sur lui le mal infligé par le représentant de la Loi. Le châtiment servira à purifier le coupable, et le juge, n'ayant pas laissé la haine entrer dans son cœur, n'a pas commis d'acte mauvais. Ceux qui font la guerre pour une cause juste, après avoir épuisé tous les moyens de conserver la paix, ne sont pas dignes de blâme, mais seulement ceux qui ont causé la guerre. Celui qui va à la guerre doit s'attendre à être tué; si le destin lui est fatal, qu'il ne se plaigne pas. Celui qui est victorieux doit penser à l'instabilité des choses humaines. S'il se modère, éteint la haine dans son cœur, relève son ennemi, il remporte une victoire dont les fruits demeureront éternellement, car il a dompté son moi. »

On ne doit cependant rien abandonner aux puissances mauvaises; on doit lutter contre elles, mais ne pas combattre dans l'intérêt du moi contre la justice et la vérité.

« Celui qui lutte pour le moi n'aura pas de récompense, car le moi est petit, fragile et ne peut contenir un grand succès.

« La vérité peut recevoir les aspirations de toutes les personnalités.

« Quand le moi se brisera comme une bulle de savon, son contenu sera conservé et vivra, dans la vérité, une vie éternelle.

« Celui qui abrite dans son cœur l'amour de la vérité vivra et ne mourra pas, car il a bu l'eau de l'immortalité.

« Je suis la Voie, la Vérité et la Vie. » (*Evangile*).

> Pour être impersonnelles les paroles du Buddha n'en ont pas moins une analogie très grande avec les enseignements du Christ s'adressant à la Samaritaine. La vérité est en effet ce qui est, et ce qui est ne peut cesser d'être puisque c'est la vie, selon les admirables discours des deux grands Instructeurs.

Ayant entendu les réponses du Maître, le général Simha prit refuge dans le Buddha.

SPIRITUALITÉ ABSOLUE.

Une question fut posée au Bienheureux par un officier de la suite de Simha, concernant l'existence de l'âme. La réponse faite est une admirable exposition, visant à la plus haute spiritualité :

« Celui qui dit que l'âme est son moi et que le moi est le penseur de ses pensées, l'acteur de ses actes, enseigne une fausse doctrine.

« Celui qui, par âme, entend esprit, et dit que cet esprit existe, enseigne la vérité qui mène à l'illumination.

« Il n'existe pas une chose perçue par les sens, et une chose mentale.

« En vérité, je vous le dis, votre esprit est mental,

mais ce que vous percevez par les sens est également mental.

« Il n'est rien, dans le monde ou en dehors, qui ne soit essentiellement esprit, ou ne puisse devenir esprit.

« Il y a une spiritualité dans toute existence, et l'argile même que foulent vos pieds peut être transformée en enfants de vérité. »

> Cette affirmation de l'omniprésence de l'esprit est en concordance avec l'enseignement du Védanta. Elle atteint la hauteur de l'adwaïta, proclamant la même vérité :
>
> « Tout est esprit, la matière est l'ombre de l'esprit et n'a pas d'existence réelle en elle-même; écarte les voiles qui cachent la vérité :
>
> « Tu es cela ». (*Tat twam Asi.*)
>
> C'est donc la doctrine de la spiritualisation infinie de la matière qui, par son adaptation progressive à l'esprit, lui permet de se manifester toujours plus librement.
>
> C'est aussi la proclamation de la vie répandue dans toutes choses : tout vit, de l'atome au plus haut Déva, et tout chante la gloire de l'Esprit.
>
> Ce discours du Buddha est de la plus grande importance, car il révèle plus complètement que beaucoup d'autres la pensée profonde du Maître au sujet de la continuité de l'être. Il établit nettement la distinction entre le Moi inférieur, périssable, et le Soi supérieur, doué d'immortalité, puisqu'il est esprit et que l'esprit ne peut périr. Il est vrai qu'il n'indique pas si ce soi demeure conscient; on peut croire cependant que le Penseur des pensées — identifié avec la vérité — ne peut pas plus disparaître que cette vérité dont il fait partie (1).

IDENTITÉ ET NON-IDENTITÉ.

Après avoir ainsi enseigné la plus haute spiritualité que l'on puisse concevoir, le Bienheureux fit comprendre au Brahmane Koûtadanda, qui l'interrogeait, la doctrine de l'identité et de la non-identité du moi :

« La continuité de la personnalité est conservée dans le Karma.

« L'identité de la personnalité est constituée par la continuité et par l'identité de nature.

(1) Jésus-Christ dit également que des pierres du chemin, Dieu peut susciter des enfants à Abraham.

« La nature d'un homme ne consiste pas dans la matière dont son corps est formé, mais dans les formes spéciales de son corps, de ses sensations, de ses pensées.

« L'âme est une combinaison de tendances (*Samskaras*). Partout où ils sont, l'âme y va, et l'homme existe.

« Quand notre faculté de penser est détruite par la mort, nos pensées demeurent, le raisonnement cesse, la connaissance demeure.

« L'activité mentale cesse; les fruits des actes persistent.

« La continuation de la vie par le Karma résultant des actes est la continuation de la vie par identité de nature.

« Par l'évolution, les Samskaras viennent à l'existence, ils sont le résultat des actes antérieurs, leur combinaison constitue l'âme.

« L'homme continue à vivre dans les Samskaras qu'il a générés, il récoltera, dans les existences futures, la moisson qu'il a semée dans les vies passées.

« Le moi est essentiellement éphémère, celui d'hier et d'aujourd'hui ne sera pas celui de demain. En ce sens, il n'y a pas identité. Et cependant, le moi passé et le moi futur peuvent être les mêmes, dans le même sens que deux flammes provenant d'une même lampe, qui a été éteinte et rallumée, sont les mêmes et sont toutes deux de même nature.

« Un autre homme, de même nature, produit par le même Karma, est le même que celui qui a produit ce Karma.

« La flamme d'une lampe, dans un sens, est la même que celle d'hier. Dans un autre sens, elle change à tout instant.

« Seul, demeure permanent, inchangé, l'esprit qui est au-dessus de tous les *Skandhas* (attributs), dans la demeure de paix et de vérité, le corps sacré de la loi (*Dharmakaya*), dans lequel le Buddha vivra éternellement. »

La continuité de l'Etre spirituel est affirmée ici sans restriction. Il vivra éternellement dans la Paix nirvânique, mais cette existence n'a plus aucun des attributs de l'existence manifestée. Etant au-dessus de la conscience personnelle, rattachée au Moi inférieur périssable, elle ne peut être connue, par suite des limitations inhérentes à la conscience liée aux mondes manifestés.

LES TROIS CORPS GLORIEUX.

Le Buddha enseigna alors l'existence des trois corps glorieux :

1° Le *nirmanakaya,* la robe de spiritualité.

2° *Sâmbhogakaya,* la robe de perfection.

3° *Dharmakaya,* la robe de la loi, dépourvue de tout attribut personnel.

« Il n'y a qu'une seule essence dont toutes les choses sont faites, prenant des formes différentes, selon les influences qui les modifient.

« Comme les choses se forment, elles agissent, comme elles agissent, elles sont.

« Provenant d'une seule essence, elles se développent selon une loi unique, et ont un seul but : le Nirvâna, la terre pure où réside :

LA LUMIÈRE DIVINE, AMITABBHA-BUDDHA.

Lumière infinie de la révélation.

« C'est la contrée spirituelle, accessible seulement aux êtres spirituels. »

LES CINQ MÉDITATIONS.

Pour entrer dans cette divine lumière, cinq formes de méditation sont présentées :

1° La méditation sur l'amour.

2° La méditation sur la compassion.

3° La méditation sur la joie.

4° La méditation sur l'impureté (1).

5° La méditation sur la sérénité.

Ces méditations sont les chemins conduisant à la terre pure. Les rites et les austérités n'y mènent pas ceux qui les pratiquent.

Par elles, l'homme se repose de tout soin sur Amitabbha. la Lumière infinie qui fait un Buddha de celui qui la reçoit.

Ceci est en rapport, quant à l'unité de l'Essence suprême, avec les enseignements de la Kabbale, tout aussi bien qu'avec les philosophies spiritualistes de l'Inde.

La continuité et l'identité de l'être sont affirmées, grâce à la permanence des Samskaras et des Skhandhas. La réincarnation existe, mais est limitée aux combinaisons de forces mises en action, lesquelles, en se reproduisant, amènent la naissance nouvelle qui reflète l'ancienne dont elles proviennent. Il y a donc, à la fois, identité et non-identité, le principe permanent étant l'esprit seul.

La doctrine de la Lumière éternelle :

« Amitabbha Buddha »

est en rapport avec l'enseignement de Krishna dans le Bhagavad-Gîtâ, où il est dit que l'homme obtient son salut en s'unissant à la lumière divine (*Daïviprakriti*). Par Elle, il parvient à la libération et à l'existence éternelle. A noter cependant que, dans sa teneur générale, le Bhagavad est théiste, le fidèle participant selon ses mérites, de la Divinité qu'il révère. Il se rattache par là aux deux écoles védantines : le Dwaïta et le Vishishtadwaïta, tandis que le buddhisme considère la Lumière éternelle sous une forme abstraite, métaphysique se rapprochant beaucoup plus du Parabrahm sans attributs ou Brahma Nirguna, que de Brahma Saguna (avec attributs, manifesté sous l'apparence de la Trinité : Shiva, Vishnu, Brahma).

Ce n'est que dans des temps postérieurs au Buddha qu'une tendance à l'anthropomorphisation s'est fait sentir, et cela seulement dans le Buddhisme du Nord.

La Lumière éternelle des Buddhistes et des Védantins a quelque rapport avec la Lumière du Verbe des chrétiens, avec cependant cette différence que dans la grande religion occidentale, elle est l'attribut du Christ, représentant

(1) Méditation sur l'impureté, afin de se représenter les suites néfastes du péché, en s'efforçant de faire naître en soi une vertu opposée : la pureté.

la deuxième Personne de la Trinité, tandis que le Buddhisme l'identifie avec l'état au delà de toute manifestation (*Parabrahm, Aïn Souph* de la Kabbale) et que le Védantisme, dans ses deux premières écoles, en fait plutôt l'attribut de la Divinité collective triple, le grand Soi.

Ishwara qui, ayant trois qualificatifs, répond aux trois dieux brahmaniques :

Brahmanisme : Trimurti = Shiva, Vishnu, Brahma.

Védantisme : Ishwara = Vie, Connaissance, Activité.

Les différentes sectes rattachées à un des dieux de la Trimurti s'adressent à leur Ishtadéva (Dieu révéré particulièrement par un individu, une famille, une secte).

Selon les théories de la dernière des écoles védantines, l'Adwaïta, entièrement dépourvue d'anthropomorphisme, — le principe suprême, ou lumière de l'intelligence, Gnan — se rapproche forcément de la Lumière impersonnelle du Buddhisme, puisque les deux écoles n'admettent, ni l'une ni l'autre, de Dieu personnel.

Une différence sépare encore les différentes doctrines.

Pour le Buddhisme, l'homme s'élève par ses propres efforts vers la béatitude nirvânique.

Pour les Védantins, l'homme qui, par ses mérites, s'efforce de s'unir à son Dieu, reçoit une aide de la divinité qu'il adore.

Pour les disciples de Shri Shankaracharya, fondateur de l'Adwaïta, la disparition de l'illusion Mayavique et l'acquisition de la Connaissance conduisent l'homme à l'unification de sa propre lumière avec la Lumière universelle : Gnan, l'intelligence absolue.

Enfin, pour les chrétiens, l'union par participation avec Dieu ne peut s'obtenir que grâce à l'intercession du Verbe créateur, dont la Lumière divine éclaire tout homme venant en ce monde. Ce n'est qu'en recevant cette Lumière, qui lui confère une nouvelle naissance, que l'homme peut acquérir la Vie éternelle.

Pour la Kabbale, Aïn Souph est l'Inconnaissable au delà de toute chose.

Les trois séphiroth de la splendeur sont contenues en puissance dans l'Absolu et se manifestent dans Kéther la couronne, la source de vie, la Lumière d'où émanent Chocmah, la Sagesse, et Binah, l'intelligence.

De plus, la tradition hébraïque mentionne le voile de gloire, qui est le rayonnement extérieur de la Divinité, la *Shékinah,* que l'on peut, avec juste raison, comparer à la Lumière de Daïvriprakriti des Hindous. Parabrahm ou Aïn

Souph est l'état transcendantal. Daïviprakriti ou la She-kinah, l'état immanent.

Somme toute, avec de légères différences, on peut cons-tater des analogies existant entre les traditions orientales et occidentales.

PETIT VAISSEAU DE SALUT ET GRAND VAISSEAU DE SALUT.

La terre pure du Nirvâna est difficile à atteindre, peu d'êtres sont capables de faire le voyage qui y mène en montant sur le petit vaisseau de salut (*hinayâna*). Beaucoup plus nombreux sont ceux qui montent sur le grand vaisseau (*Mahayâna*), qui les conduira seule-ment à l'oasis de repos momentané : le Sukhravati ou Swarga (Paradis des chrétiens).

On rencontre facilement des disciples (*Shravakas*, étudiants), mais non des êtres assez déterminés pour faire l'effort nécessaire menant à l'adeptat.

Beaucoup désirent les pouvoirs ou *Siddhis* (succès). Les facultés surnaturelles du saint et de l'ascète ne sont cependant que des étapes, non le but suprême que l'homme doit rechercher.

Tout l'enseignement du Buddha repose sur la culture personnelle et sur l'amour universel. La compassion (*Mitta*, Maitreya) doit devenir toujours plus active dans le cœur de ceux qui suivent les enseignements qui sont ceux du Bodhisattva de la quatrième race-mère, devenu Buddha au cours de la cinquième race, selon les tradi-tions orientales.

LE BODHISATTVA OCCIDENTAL.

D'après ces mêmes traditions, ces enseignements seront complétés par le Bodhisattva de la cinquième race, destiné à devenir Buddha au cours de la sixième race. Révéré sous le nom de Maitreya dans les livres buddhistes, Il est l'Instructeur des peuples de l'Occident, le Christ paru en Judée au commencement de l'empire romain. Le Seigneur d'amour et de compassion qui délivrera les hommes de la haine et de la rivalité des castes en établissant parmi eux le règne de la fraternité.

Une tradition conservée parmi les buddhistes du Thibet veut que le Buddha futur vienne de l'Occident, non de l'Orient. Cette tradition se trouve appuyée par une représentation très curieuse du Bodhisattva occidental, qui se trouve dans le grand temple de Lhassa : le Jo, dans lequel est conservée une statue du Buddha célèbre dans tout l'Orient. Le monument représentant le futur Buddha est placé dans une cour, entre d'autres statues de Çakya-Muni assis, dans la posture rituélique ordinaire, tandis que celle attribuée à son successeur occidental le montre assis sur une sorte de trône, dans une attitude conforme à celle donnée au Christ dans les monuments religieux de l'Europe.

Il existe une autre statue ayant la même posture, dans une des grandes Lamaseries du Thibet, et une troisième à Java; la statue de Java n'est pas assise sur un trône, mais sur un banc.

Ce sont les seuls exemplaires connus se rattachant à la tradition d'un Maître de Sagesse venu de l'Occident.

ENSEIGNEMENTS GÉNÉRAUX DU BUDDHA.

Le Buddha enseigna la bonté. Il nia un Dieu créateur, car il répudia toute apparence anthropomorphique de la Divinité. Il enseigna la continuité de la vie, sous la forme de Karma, sans admettre la doctrine d'une âme, substance métaphysique distincte du corps, car Il n'accorda l'éternité qu'à l'esprit seul. Il donna une méthode de salut, sans Sauveur expiatoire, une Rédemption dont on est soi-même le Rédempteur.

EXAMEN RATIONNEL.

Il répudia les prières, les rites, s'appuya sur le libre examen, en déclarant dans une instruction célèbre qui mériterait d'être partout connue :

« Nous ne devons pas croire à une parole, simplement parce qu'elle a été dite; aux traditions, parce qu'elles se transmettent depuis l'antiquité; aux écrits des Sages, parce que des Sages les ont écrits, ni aux imaginations que nous pouvons supposer avoir été inspirées par un Déva; ni aux déductions que nous pouvons tirer de quelque supposition hasardeuse faite par nous; ni à une analogie qui semble nécessaire; ni à la seule autorité de nos propres Maîtres et Instructeurs. Mais nous devons croire quand les écrits, la doctrine et les paroles sont corroborés par notre conscience et notre propre raison.

« Je vous ai enseigné à ne pas croire uniquement parce qu'on vous l'a dit; mais quand, par votre propre conscience vous croyez, alors agissez en conséquence, sans réserve. »

En ceci, Il sapa les bases de l'erreur et de la superstition, frayant le chemin au libre arbitre de la raison et de l'intuition personnelles.

LE DHARMA.

Chaque être perçoit la vérité, selon ses possibilités karmiques et sa loi personnelle, son *Dharma*.

Il doit suivre la loi véritable sans chercher à la modifier, sinon en développant les bons côtés de sa nature. Ce qui est utile pour un être serait peut-être nuisible à un autre, dont le Dharma est différent.

Toujours faire le bien avec désintéressement : telle est la règle. C'est en s'y conformant que le but sera atteint.

Les Siddhis viendront, par surcroît, car il y a quatre moyens de les obtenir :

« 1° Empêcher les mauvaises actions de naître.

« 2° Détruire les mauvaises qualités, quand elles sont nées.

« 3° Produire la bonté qui n'existe pas encore.

« 4° Augmenter la bonté qui existe. »

Deux de ces préceptes sont négatifs, deux positifs. Les deux premiers visent à l'annihilation du mal, les deux autres à la production et à l'augmentation du bien.

« Cherche de bonne foi et persévère dans ta recherche. A la fin, tu trouveras la vérité. »

LITTÉRATURE BUDDHIQUE

Contes	Paraboles	Poésies
Jatakas		Avanaras

Après avoir enseigné sa doctrine aux disciples qui pouvaient comprendre sa haute philosophie, ou tout au moins la morale appropriée à sa doctrine, le Buddha se rendit compte que le peuple n'était pas apte à s'assimiler des concepts abstraits, présentés sous une forme sévère, qui ne séduisait pas son imagination.

Le Maître se décida alors à instruire la population au moyen de paraboles et de contes, méthode qui sera également employée plus tard par le Maître de Judée.

Parmi ces contes et paraboles, beaucoup sont de délicieuses leçons de choses. Certains se rapportent à des incarnations passées du Buddha, qui les raconte pour en tirer un exemple utile, ou encore pour les relier à des personnes ayant été mêlées à ses vies passées et qu'Il avait retrouvées pendant son temps de prédication dans l'Inde.

Parmi les plus remarquables, on peut citer les quelques extraits qui suivent :

LA MAISON INCENDIÉE.

Un père de famille voit sa maison prendre feu pendant que ses enfants jouent à l'intérieur. S'il les avertit du danger, les petits, cherchant à s'enfuir, risqueront de périr. Pour les faire sortir promptement, sans désordre, il leur crie : « Venez vite chercher de beaux jouets ». Les enfants sortent alors en grande hâte, voient la maison qui va s'effondrer, et remercient leur père de les avoir sauvés.

Morale : Les enfants du monde aiment l'éclat des fêtes. Le Tathagata, en leur décrivant le bonheur de la justice, s'efforce de les sauver de la perdition.

LE FILS PERDU.
PARABOLE DE L'ENFANT PRODIGUE DU BUDDHISME.

Un maître de maison avait accumulé d'immenses richesses, pendant que son fils était parti au loin, et était devenu très misérable, démoralisé par la pauvreté.

Dans ses pérégrinations, il arriva dans un pays où son père s'était retiré. Celui-ci le vit, le reconnut, malgré son état d'abjection et, sans se faire connaître de lui, donna des ordres pour qu'on le lui amenât. Pris d'appréhension, le fils, craignant d'être emprisonné, essaya de s'enfuir. Mais, il fut repris et ramené, malgré ses lamentations.

Le père le fit traiter doucement et chargea un artisan de l'employer comme aide. Le fils, heureux de son nouveau sort, redevint honnête et travailleur. Ce que voyant, son père lui donna un emploi toujours plus élevé, à mesure que son mérite grandissait.

Enfin, après plusieurs années, le père rassembla toute sa maison, fit venir son fils et révéla devant tous le secret de sa naissance.

Morale : Les esprits des hommes doivent être préparés pour recevoir les vérités les plus hautes.

Si on pense à la Parabole de l'enfant prodigue, on voit tout de suite quelle différence sépare les deux doctrines :
Le Buddha enseigne une méthode raisonnée et savante de libération.
L'Instructeur, le Père spirituel, guide l'élève qui monte sur le sentier progressivement, selon son mérite, acquis par ses propres efforts.

> On est loin ici de la Miséricorde et de l'Amour du Père offensé des Evangiles, qui fait tuer le veau gras pour le retour de son fils égaré, dès que le moindre repentir ramène celui-ci au seuil de la maison paternelle.

LE DUPEUR DUPÉ.

Un tailleur employait des moyens peu honnêtes pour faire fortune, en dupant ses clients.

Le Buddha explique que ce commerçant indélicat sera un jour puni de ses fraudes, comme il l'a déjà été dans une vie ancienne, et Il raconte l'histoire amusante du héron et des poissons.

Un héron vivait près d'un étang. La saison de la sécheresse étant venue, il propose aux poissons vivant dans l'étang de les transporter dans son bec jusqu'à un grand lac ne manquant jamais d'eau.

Les poissons hésitant à se fier à lui, le héron offre de porter l'un d'eux pour lui faire voir le lac.

Une vieille carpe se dévoue, dans l'intérêt de tous, et tente l'aventure. Le héron la transporte, lui fait voir le lac et la ramène vers ses compagnons qui, pleins de confiance désormais, se fient au fourbe, qui les trompe et les dévore successivement jusqu'au dernier.

Un crabe restait au bord de l'étang. Le héron lui propose de l'emporter aussi, mais cette fois, il a trouvé son maître. Le crustacé consent, à condition de tenir le héron par le cou avec ses pinces. L'oiseau lui fait voir le lac, puis le tas d'arêtes venant des poissons mangés, lui annonçant qu'il va également être dévoré. Le crabe lui serre le cou, l'oblige à retourner près du lac pour le déposer sur la vase, il lui coupe alors le cou avec ses pinces et rentre triomphalement dans l'eau.

Morale : A trompeur, trompeur et demi.

LE PARTAGE DE LA FÉLICITÉ.

Annababâra, esclave de Sumâna, offre à un Çramana (ascète mendiant sa nourriture), le riz qui lui avait été donné pour son propre repas. Le Maître voit cette bonne action et offre à l'esclave de l'argent pour partager avec lui la bénédiction de l'ascète. Interrogé sur la question de savoir si la bénédiction doit être partagée, le religieux fait cette belle réponse sous forme de parabole :

« Dans un village de cent maisons, une seule est allumée; un voisin vient avec sa lampe et l'allume. De la même façon, la lumière est communiquée de maison en maison, et tout le village est éclairé. Cependant, la première lumière est restée aussi brillante. De même, la lumière de la religion peut être communiquée sans rien ôter à celui qui la répand. La bénédiction peut être répandue également. »

L'esclave partage donc avec son maître, en refusant de rien recevoir en échange. « Un don spirituel ne doit pas être vendu ». Et le maître donna la liberté à son serviteur comme marque d'amitié.

Cette parabole, une des plus remarquables, est souvent citée quand on veut expliquer que l'Esprit universel, la vie partout présente, est toujours illimitée, inchangée quel que soit le nombre de créatures tirant leur existence particulière du grand réservoir commun. Avant l'apparition éphémère des êtres, la vie était, comme elle sera après leur disparition. Elle anime des formes différentes, mais demeure sans modification, telle la flamme de la première lampe.

LE PARIA.

Le Seigneur Buddha, mendiant sa nourriture, s'approcha de la maison d'un Brahmane, qui le traita de misérable paria. Le Maître expliqua que les vices seuls font d'un homme un paria, non sa naissance :

« Les actes font le paria; les actes font le Brahmane. » Théorie qui, certes, n'était pas faite pour lui attirer la bienveillance de la caste sacerdotale.

LA FEMME AU PUITS.
(LA SAMARITAINE.)

Ananda, le disciple cher au Maître, passant près d'un puits, voit Prakriti, jeune fille de très basse caste, et lui demande de l'eau à boire. Prakriti se récuse :

« Je suis trop humble et misérable pour te donner de l'eau à boire; ne réclame aucun service de moi, de peur de souiller ta sainteté, car je suis de basse caste. »

Ananda répond : « Je ne te demande pas ta caste, mais de l'eau. »

Et la jeune fille lui donne de l'eau, le suit et va trouver le Bienheureux, lui demandant de rester près d'Ananda, qu'elle aime parce qu'il ne l'a pas méprisée.

Le Maître explique que ce n'est pas Ananda qu'elle aime, mais sa bonté.

« Qu'elle soit donc bonne envers les autres comme il l'a été envers elle, et son mérite sera d'autant plus grand qu'elle oubliera sa condition infime et dédaignée, en étant remplie de bonne volonté envers tous, même envers ceux qui la méprisent. »

On a ici un tableau rempli de fraîcheur et de douceur. Ce n'est pas encore le sublime enseignement du Christ à la Samaritaine, mais quelques traits peuvent être comparés.

LE CHIEN AFFAMÉ.

Un tyran cruel rendait un peuple très malheureux. Indra descend sur la terre, sous l'apparence d'un chasseur, accompagné d'un chien énorme, qui n'était autre que le démon Mâtali.

Tous deux entrent dans le palais du roi. Le chien se met à hurler lamentablement et effraye tout le monde. Le roi demande au chasseur pourquoi le chien aboie ainsi : « Il a faim », est la réponse. On donne de la nourriture à l'animal : rien ne le satisfait. Il dévore tout ce qu'on lui présente et continue de hurler. Les greniers sont vidés en vain. Le roi, terrifié et ne sachant plus que faire, s'adresse au chasseur, pour trouver un moyen de calmer la bête insatiable.

« Le chien hurlera tant qu'il y aura des gens affamés dans le royaume. Ses ennemis sont ceux qui exercent l'injustice et oppriment les pauvres. »

Le tyran comprend alors la leçon, que le Buddha termine par ces mots :

« Le Tathagata peut rendre fines les oreilles spirituelles des puissants. Si tu entends le chien hurler, ô roi, pense aux enseignements du Buddha et tu pourras apprendre à calmer le monstre. »

LES NOCES DE DJAMBOUDANA
(LES NOCES DE CANA).

Un homme devait se marier à Djamboûdâna. Voyant passer le Bienheureux, il souhaita, dans son cœur, de le voir assister à ses noces, avec son cortège de Bhikshus.

Le Maître comprit son désir silencieux et entra. Le marié le reçut en disant :

« Que mon Seigneur et toute sa congrégation mangent selon leur désir. »

Et il les traita du mieux qu'il pût, car il n'était pas riche.

Or, les mets et les boissons ne diminuaient pas.

L'hôte, voyant cela, s'émerveilla, regrettant de ne pas avoir invité tous ses parents et connaissances.

Comme il formait ce souhait, toute sa famille et ses amis entrèrent.

La salle était petite, tous eurent de la place, mangèrent à volonté. Il y eut plus qu'il n'était nécessaire.

Et le Buddha les réjouit en proclamant la félicité de la vertu :

« La mort séparera l'époux de l'épouse, mais la mort ne séparera jamais celui qui a épousé la vérité, le ma-

riage doit reposer sur l'amour, la fidélité, la vérité.
Quand viendra la dissolution des corps, l'époux et
l'épouse continueront à vivre dans la vérité. En elle,
ils auront une part de la vie éternelle. »

> On peut rapprocher cet épisode, qui est fort beau, de
> celui des Noces de Cana de l'Evangile.
> On y trouve une assurance de la vie éternelle donnée
> en apanage à ceux qui, ayant vécu dans l'amour, la vertu,
> la vérité, ne pourront pas périr.
> Il est, de plus, une glorification du mariage, le lien maté-
> riel entre les époux devant servir de base à l'édification
> d'un lien spirituel qui les réunira à jamais.

AU ROYAUME DE YAMA
(LA FEMME AUX SEPT MARIS).

Un brahmane était désespéré d'avoir perdu son fils.
S'étant endormi dans un temple, il rêva qu'il allait voir
Yama, le roi des morts. Il lui demanda de retrouver
son fils pour le ramener dans le monde des vivants.
Yama consentit.

Le père fut mis en présence de son fils, qui jouait
avec des petits compagnons dans un jardin céleste. Mais
l'enfant refusa de reconnaître son père et de le suivre.

Le brahmane, étant réveillé, alla trouver le Buddha
pour lui demander l'explication de son rêve.

Le Maître répondit alors :

« Lorsqu'un homme meurt, le corps se résout en ses
éléments, mais l'esprit ne s'enferme pas dans une tombe,
il jouit d'une vie plus élevée, dans laquelle les termes
de père, fils, mère, n'existent plus. Les parents du monde
sont de durée éphémère. Celui qui comprend cela détruit la cause du chagrin et échappe à la douleur. »

> On peut comparer ce passage avec celui de la femme
> aux sept maris des Ecritures chrétiennes.

LA GRAINE DE MOUTARDE.

Un homme riche entassait ses biens inutilement. Un
jour, il les trouva réduits en charbon. Un ami lui con-

seilla de porter ce charbon au marché pour le vendre.

Une jeune orpheline, Krichâ Gautami, passant par là, demande à cet homme pourquoi il met en vente des piles d'or et d'argent. Il la prie de lui tendre le charbon mis en vente et, à mesure qu'elle y touche, il redevient métal précieux.

> On trouve ici un très intéressant symbole concernant le discernement du réel et de l'irréel. Krichâ Gautami possédait la véritable connaissance spirituelle et ne s'arrêtait pas aux apparences. L'homme riche, mais avare, méconnaissait la valeur des biens qui lui étaient inutiles, puisqu'il ne s'en servait ni pour lui, ni pour les autres.

Reconnaissant, le riche marie la jeune fille avec son fils.

Dans la suite, Gautami a un enfant qui meurt en bas âge.

Désespérée, elle cherche partout un remède pour sauver son enfant, qu'elle tient déjà froid dans ses bras, sans pouvoir croire qu'il est mort.

Un voisin compatissant l'envoie au Buddha, elle va le trouver et l'implore :

« Seigneur, donne-moi le remède qui sauvera mon enfant! »

Le Maître demande qu'elle lui apporte une poignée de graines de moutarde provenant d'une maison où personne n'ait perdu un être cher.

La pauvre femme va de maison en maison, mais se heurte partout à la même réponse désolée.

« Y a-t-il un foyer sur la terre qui n'ait été assombri par le deuil? La mort frappe toutes les familles; aucune n'est à l'abri de ses coups! »

Désespérée, la mère infortunée s'assied au bord du chemin, regardant les lumières du village s'éteindre les unes après les autres. Elle comprend combien est éphémère la vie de l'homme. Cependant, dans la désolation qui marque toute destinée humaine, un chemin de salut est ouvert : la soumission au Dharma et la destruction de tout égoïsme.

Par là, il est possible de s'affranchir de la douleur et de gagner l'immortalité.

Elle va retrouver le Maître, qui l'accueille avec des paroles presque semblables à celles de Krishna, dans la Bhagavad-Gîtâ :

« Le monde est affligé de mort et de ruine, c'est pourquoi le sage ne se désole pas, car il connaît les lois du monde.

« Les morts ne sont pas sauvés par les lamentations.

« Les hommes meurent, et après leur mort, leur destin est réglé d'après leurs actes.

« Celui qui cherche la paix doit arracher de sa blessure la flèche de la lamentation. Devenu calme, il obtiendra la paix de l'esprit.

« Celui qui a vaincu la douleur sera affranchi de toute douleur et sera béni. »

> Krichâ Gautami, qui possédait déjà le discernement concernant le monde objectif, comprend alors la grande vérité :
>
> La forme est éphémère, transitoire. Seul, est éternel l'esprit se manifestant sous des apparences variées.
>
> Celui qui s'attache à l'Esprit domine les douleurs humaines et gagne l'immortalité (1).

ÇARIPUTRA MARCHE SUR L'EAU.

Le Bienheureux prêchait la doctrine, assis au bord d'une rivière. Çaripûtra se trouvant de l'autre côté, désira entendre son Maître et, soutenu par sa foi ardente, traversa la rivière en marchant sur l'eau.

Devant les villageois qui s'émerveillaient, le Bienheureux félicita son disciple, lui disant qu'une foi semblable à la sienne pouvait, seule, sauver le monde de la transmigration et rendre les hommes capables de passer à pied sec sur l'autre rive.

____

(1) La Parabole de la graine de moutarde est citée souvent et considérée comme étant la plus belle de celles prononcées par le Buddha.

Ici le rapprochement est tout indiqué avec le passage de l'Evangile qui montre saint Pierre invité par son Maître à venir à sa rencontre en marchant sur les flots. Mais la comparaison n'est pas à l'avantage du disciple chrétien puisque, ayant douté, il s'attire cette réprimande : « Homme de peu de foi! Pourquoi as-tu douté? »

Par la croyance ferme dans le pouvoir divin qui réside en lui, l'homme a tout pouvoir sur les éléments. La nature obéit à ses ordres quand il agit en conformité avec ses Lois qui sont, non des forces aveugles, mais des intelligences actives, représentant l'Energie créatrice et ordonnatrice de l'Esprit tout puissant, qui est en lui et hors de lui. Il participe de la puissance divine s'il parvient à s'unir fermement au principe suprême, source de toute vie et de toute action.

LE BHIKSHU MALADE.

Dans l'anecdote du Bhikshu malade, on voit le Tathagata assister et soigner un malheureux atteint d'une maladie répugnante qui l'avait fait abandonner de tous.

Le Buddha fait là œuvre de compassion; mais, en même temps, il acquitte une dette karmique, le Bhikshu ayant eu pitié de Lui dans une vie antérieure.

Ce dernier point marque une différence très nette avec le lavement des pieds de l'Evangile qui est accompli par le Christ pour inspirer à ses disciples la fraternité et l'humilité. Tous doivent être les serviteurs les uns des autres : le Pape porte le titre de « Serviteur des serviteurs » du Seigneur!...

On a pu voir par ces différents épisodes, tirés des plus célèbres paraboles du Buddha, comment il savait donner à son enseignement un ton familier et poétique pour le mettre à la portée de tous. On constate facilement quels rapports existent souvent entre ces instructions populaires et les paraboles des Evangiles. Ces analogies sont si nombreuses qu'elles posent un problème assez troublant devant toute conscience impartiale. Certaines grandes vérités sont l'apanage de toutes les religions, cela est évident. Mais que ces vérités aient été enseignées sous des formes tellement analogues, quant à l'affabulation, cela incite à croire qu'elles ont une même origine lointaine, mais incontestable, expliquant leur présentation si ressemblante. On est porté à admettre que ces récits font partie d'un fonds commun dans lequel le Réformateur oriental a puisé — exemple qui fut suivi plus tard par le Christ de Judée. Si cela est juste, c'est que ces récits appartenaient à un enseignement initiatique qui fut commun aux deux grands Maîtres.

A l'appui de cette hypothèse, on pourrait citer la tradition orientale, retrouvée dans quelques lamaseries du Thibet, qui veut qu'un Prophète de l'Occident soit venu étudier la Science secrète dans l'Extrême-Orient. Il y est dépeint selon l'apparence physique sous laquelle Il est connu en Occident. Cette tradition thibétaine ajoute que, retourné en Occident, Il prêcha plus tard la Doctrine sacrée et que, pour cela, il fut mis à mort.

Ceci pourrait expliquer les ressemblances évidentes existant entre les enseignements par contes et paraboles des deux Réformateurs. Les différences seraient dues à des interprétations provenant de divergences de vue entre les deux grands Inspirés.

Si cette hypothèse n'est jusqu'à présent qu'une supposition assez logique, on peut penser aussi que le Christ, tout en demeurant dans le moyen Orient, avait eu connaissance, par tradition initiatique, de ces enseignements publics du Buddha et qu'Il les adopta, tout en les transformant sur certains points.

Une troisième version peut également être envisagée : celle que les compilateurs des Evangiles, qui ne furent pas des contemporains du Christ, mais sont de beaucoup postérieurs, ont adapté à certaines paroles conservées par tradition, comme venant directement du Maître, des récits qui peut-être étaient enseignés dans les Mystères païens encore existants lors de la rédaction des Evangiles.

Quoi qu'il en soit, les rapports sont trop étroits et trop nombreux pour qu'il reste possible de les attribuer au hasard.

POÉSIES GNOMIQUES ET CONTES.

Il est encore deux sortes d'enseignement que le buddhisme a adoptées et dans lesquelles il a excellé :

La poésie gnomique.

Les contes.

Les Hindous ont toujours été habiles dans l'art d'enfermer une sentence morale, une pensée élevée, dans une stance de quatre vers ; mais, c'est surtout dans le buddhisme que l'on trouve les chefs-d'œuvre les plus délicieux de ce genre de poésies.

Le Dhammapâda, ou sentences morales, est un petit recueil de quatre cent vingt-trois stances. Il fait partie du Sutta-Pitaka. Il peut être vaguement comparé à l'Imitation de Jésus-Christ et consulté avec fruit par tous les esprits cultivés et religieux. En voici quelques extraits :

« Si la maison est bien couverte,
« La pluie n'en perce pas le toit;
« Si l'âme est bien disciplinée,
« Le désir n'y entre pas. »

« Il va cueillant des fleurs,
« L'homme que le désir enchaîne,
« Et comme l'inondation surprend un village endormi,
« La mort le saisit et l'emporte. »

« Longue est la nuit du veilleur,
« Longue la lieue pour le pèlerin las,
« Longue la transmigration des folles âmes
« Qui ignorent la vraie Loi. »

« Pas un être qui ne craigne les coups,
« Pas un qui n'aime la vie.
« Juges-en par toi-même,
« Et ne tue pas ni ne fais tuer. »

« J'habiterai ici pendant la saison des pluies.
« Ici pendant l'hiver, ici l'été;
« Ainsi dit l'insensé.
« La saison du départ, il n'y songe pas! »

Ces petits poèmes rappellent les versets de l'Imitation.

Si on préfère les ouvrages de plus longue haleine, on trouve dans les contes buddhiques de quoi se satisfaire amplement.

On peut en citer des extraits remarquables :

LE BERGER ET LE BUDDHA.

Tout d'abord, le dialogue pastoral du riche berger et du Buddha :

Le berger énumère toutes ses richesses et ses sources

de bonheur, s'interrompant à chaque chose citée, par cette phrase, qui revient comme un *leit-motiv* : Et toi, Ciel, pleus si tu veux!

Il ne craint rien de l'adversaire, les éléments ne peuvent lui nuire, il possède toutes les joies : un beau domaine, du bétail; il a une fidèle compagne, des fils pour le seconder. Son âme est libre, domptée, il ne fait pas le mal.

Recevant le Bienheureux, il se réjouit, disant : « En Toi, nous prenons refuge, ô Voyant ! sois notre Maître, grand Solitaire. Ma bergerie et moi, dociles, ô Bienvenu, nous allons mener la vie pieuse, nous franchirons la vieillesse et la mort, nous verrons la fin de la douleur. »

« Qui a des fils, se réjouit en ses fils, dit Mara, le démon. Qui a des vaches, se réjouit en ses vaches. Le support de l'homme fait sa joie; qui est sans support est sans joie. »

« Qui a des fils, s'afflige en ses fils, dit le Bienheureux. Qui a des vaches s'afflige en ses vaches! Le support de l'homme est la douleur; et il est sans douleur, celui qui est sans support. » (*Sutta Pitaka.*)

Les poètes buddhistes ont d'adorables élans mystiques, comparables à ceux des grands saints du christianisme. Ils leur donnent le nom d'exhalaisons (*Udana*).

En voici un exemple, tiré du *Vinaya Pitaka :*

« Heureuse la retraite du voyant qui sait la loi et s'y complaît! Heureuse la vie inoffensive qui se contraint à ne gêner nulle autre vie! Bienheureux qui a franchi tout désir et qu'aucune passion n'agite! Bonheur suprême de celui qui a banni la vanité de dire « Je suis! »

Il existe encore, dans le Buddhisme, deux genres de poésies, connus sous les noms de *Tarâgâthâ* et de *Thérigâtha;* cantiques des doyens et des doyennes.

Ils sont attribués aux disciples directs du Maître et font partie du canon religieux.

On rencontre également deux sortes de contes : l'une

se rattache à la vie du Buddha (1); l'autre se compose de contes et de paraboles (2) destinés à l'instruction religieuse du peuple.

Le livre type se rapportant à la vie du Buddha est le *Lalita-Vistara* (livre des divertissements), sorte d'Evangile de la vie du Maître, qui le présente comme un prodige, connaissant par intuition toutes les sciences dès l'enfance.

On y trouve décrites les marques qui faisaient de Lui un Buddha. Puis, on cite les « Trois rencontres », enfin l'Illumination sous l'arbre sacré. Le tout, entremêlé de mythes et de symboles.

Le second genre de contes est représenté par le *Saddharma-Pundarika* (Le Lotus de la Bonne Loi), un des recueils les plus célèbres du buddhisme.

Tous ces récits, contes, légendes, sont caractérisés par une tendance accentuée au merveilleux, à l'exagération. Beaucoup portent la trace de légendes populaires très anciennes. Ce sont les prodiges des récits du folklore, adaptés à la religion buddhique, dans le but évident de la rendre attrayante au peuple.

C'est par ces récits, empreints d'une imagination luxuriante, que la nouvelle religion fut, en effet, vulgarisée dans l'Orient.

Ils font partie du Grand Vaisseau de Salut, le Mahayanâ. Tous sont remarquables par la hauteur de l'idéal moral qu'ils renferment.

On peut citer le joli conte qui suit comme un modèle du genre :

KUNALA AUX BEAUX YEUX.

Un jeune prince, Kunala, le doux ascète aux beaux yeux, vit éloigné de la cour du roi son père.

Une des reines s'éprend de lui; repoussée, elle jure de se venger, s'empare du sceau royal et envoie l'ordre scellé d'arracher les yeux à Kunala.

(1) Jatakas. — (2) Avadaras.

On n'ose, tout d'abord, porter la main sur le prince. C'est lui-même qui exhorte les bourreaux. Enfin, un homme s'avance, arrache un œil. Kunala le prend dans sa main, en disant : « Pourquoi, vile boule de chair, ne vois-tu plus les formes, toi qui les voyais tout à l'heure? Combien sont insensés et aveugles ceux qui s'attachent à toi et disent : cet œil, c'est moi! » On arrache l'autre œil. Kunala dit alors : « L'œil de chair m'a été enlevé, mais j'ai acquis l'œil parfait de la Sagesse. Le roi me renie pour son fils, mais me voici fils du sublime Roi de Vérité. J'ai perdu le royaume dont l'apanage est souffrance, et gagné celui qui bannit la douleur. »

Comme on lui apprend que le malheur qui le frappe est le fait de la reine. « Longs jours, répond-il, et puissance à celle qui me vaut cette félicité! »

Et il part, suivi de sa femme, mendiant sa vie sur les chemins. Il chante, en s'accompagnant de son luth. Un jour, il parvient à la porte d'un palais où se trouve son père, qui le reconnaît à la voix, donne l'ordre qu'on le fasse venir, et reste stupéfait en le voyant aveugle, car il ignorait la perfidie de la reine. La vérité se découvre, et le roi va faire châtier la méchante femme. C'est le prince qui implore son pardon : « Ne rends pas le mal pour le mal, ô roi, n'attente pas à la vie d'une femme. La bonté est le mérite suprême, et le Bienheureux a proclamé la loi de pardon. » Puis, se prosternant : « Je ne ressens pas de souffrance, ô roi; la cruauté n'anime pas en moi le jeu cruel de la colère, mais j'aime de tout mon cœur ton épouse qui m'a fait arracher les yeux. Aussi vrai que ceci est vérité, puissent-ils redevenir ce qu'ils étaient! »

Aussitôt, les yeux de Kunala reprirent leur place et leur éclat.

Il s'agit probablement ici d'un mythe solaire : le miracle des yeux arrachés et revoyant la lumière est un symbole du soleil éteint et rallumé. On peut aussi rattacher ce joli conte à la tragique histoire de Phèdre et du fier Hippolyte. On sait d'ailleurs quel profond symbolisme se trouve dans tous les mythes grecs.

Mais ce qui est spécial au récit oriental, c'est la haute morale qui s'y trouve, ordonnant le pardon des injures.

« A celui qui t'a frappé, tends l'autre joue. »

« Combien de fois dois-je pardonner à mon serviteur fautif?

« Pardonne-lui septante fois sept fois. »

On voit donc le Buddha, le Christ, Mohammed enseigner la même Loi du pardon, car, selon les paroles de Çakya-Muni : « La haine ne s'éteint pas par la haine, elle s'éteint par l'Amour ».

La résignation, la glorification de la souffrance purificatrice, le pardon des injures, tels sont les barreaux de l'échelle d'or qui mène à Dieu.

RÉINCARNATIONS DU BUDDHA.

Un autre caractère marque encore très souvent ces contes, c'est de rapporter des épisodes de l'existence du Bouddha, non pas seulement concernant la vie dernière du Maître, mais se rapportant à des existences précédentes, quand Il était le Bodhisattva.

Parmi ces épisodes, quelques-uns sont célèbres, tel celui de la tigresse, qui est fort connu:

LA TIGRESSE.

Une tigresse avait mis bas, elle était épuisée par la souffrance, la faim, et poussait des rugissements, considérant ses petits avec l'intention évidente de les dévorer.

Passant non loin d'elle, avec un disciple, le Bodhisattva considère ce spectacle avec émotion. Touché de compassion, il veut sauver les petits de la mort cruelle que leur mère paraît vouloir leur réserver. Il envoie son disciple chercher quelque nourriture pour la tigresse et, pendant qu'il est éloigné, le Bodhisattva médite sur l'inutilité qu'il y a pour lui de conserver son corps, tandis qu'en le sacrifiant, il peut sauver la tigresse et ses petits. « C'est par amour du repos ou par impuissance qu'on reste impuissant, indifférent au malheur d'un autre; mais moi, dans le malheur d'un autre, je ne saurais goûter aucun repos. Puisque j'en ai le pouvoir, pourquoi n'agirais-je point? Si lé pouvant, je ne sauvais jusqu'à mon ennemi mortel plongé dans l'infortune, ma pensée, comme si j'avais causé le mal, se tordrait sous le remords, comme la brousse sous l'incendie. » Ayant décidé de quitter la vie pour le salut d'autrui, il se précipite du haut du rocher sur lequel il se tenait, et tombe près de la tigresse, qui se jette sur le corps pantelant et le met en pièces.

> Il y a évidemment exagération si l'on prend ce récit à la lettre; mais, s'il est compris symboliquement comme enseignant le sacrifice personnel, même quand il s'agit de sauver son pire ennemi, on ne peut alors que s'incliner et admirer un tel idéal d'amour pour tous les êtres.

Ce récit appartient à la série nommée Jâtàkà-Mala, histoire des renaissances du Buddha.

Ces contes furent compilés par les moines buddhistes, qui les agrémentèrent d'épisodes variés, mais tendant tous à glorifier le Seigneur Buddha.

LA TORTUE ET LES DEUX FLAMANTS.

Tel de ces récits n'est qu'une amusante leçon, comme celui de la tortue et des deux flamants.

Autrefois, Brahmadatta régnait à Bénarès, le Bodhisattva était son conseiller.

Le roi était si bavard que personne ne pouvait placer un mot quand il était là, et il était urgent de le corriger de ce défaut.

Dans un étang de l'Himalaya, vivait une tortue; celle-ci lia connaissance avec deux flamants, qui l'invitèrent à venir visiter avec eux un site dans l'Himalaya. Pour accomplir ce voyage, la tortue dut se suspendre à un bâton qu'elle tenait par la bouche, tandis que ses amis oiseaux, soutenant chacun un bout du bâton, l'emportaient à travers les airs.

Passant au-dessus d'un village, des enfants aperçurent cette étrange caravane aérienne. « Tiens! deux flamants enlèvent une tortue suspendue à un bâton! » Voulant répondre, la tortue ouvrit la bouche, tomba, et se brisa en deux sur le pavé de la cour royale, où justement passait le roi, accompagné du Bodhisattva, qui trouva l'occasion excellente pour donner une leçon au monarque.

Celui-ci demandait comment la tortue était tombée, le Maître répondit : « Grand roi, les bavards qui ne savent tenir leur langue encourent un sort pareil. » « C'est pour moi que vous dites cela? » répartit le roi, et le précepteur de conclure : « Que ce soit pour vous ou pour un autre : qui parle trop subit un sort pareil ». Et désormais, le roi fut silencieux et réservé.

Cette anecdote se rapporte à une vie ancienne du Buddha, lorsqu'il était encore Bodhisattva. Le roi était Ananda, la tortue le bavard Kokalita.

LE SINGE ET LE CROCODILE.

Pour terminer, on peut citer le conte du singe et du crocodile.

Autrefois, le Bodhisattva était incarné sous la forme d'un grand singe (1), vivant solitaire sur le bord d'une rivière, dans laquelle se trouvait un îlot couvert d'arbres fruitiers. Entre la rive et l'île était un récif. Le singe allait chercher des fruits pour se nourrir et avait l'habitude de sauter de la rive au récif, du récif à l'îlot, revenant sur la rive de la même manière.

Dans la rivière vivait un crocodile avec son épouse. Celle-ci eut envie de manger le cœur du singe pour son repas. Elle demanda à son mari de le lui procurer.

Pour y arriver, le crocodile alla se coucher sur le récif, pensant attraper le singe lorsqu'il viendrait s'y reposer.

______
(1) Roi des singes.

Or, comme celui-ci s'apprêtait à regagner la terre ferme, il s'aperçut que le récif était plus haut que de coutume. L'eau étant au niveau habituel, il conclut qu'un crocodile devait être couché sur le rocher, le guettant pour le happer à son passage. Il s'assure que sa supposition est fondée en entamant une conversation avec le rocher. Le crocodile pense devoir répondre. Il finit par avouer qu'il guette le moment favorable pour fondre sur lui lors de son retour vers le rivage, afin de le tuer et de lui arracher le cœur.

« Pas d'autre chemin, pense le quadrumane. Je dois donc ruser. »

Reprenant la conversation : « Ami crocodile, je m'abandonne à toi, ouvre la gueule, tu m'attraperas à l'arrivée. » (Quand les crocodiles ouvrent la gueule, ils ferment les yeux.) Oubliant cela, la sotte bête, couchée sur le rocher, gueule ouverte et yeux clos, attend que sa proie lui tombe du ciel. Le singe prend son élan, saute sur sa tête, repart et est arrivé sain et sauf sur la rive avant que son ennemi soit revenu de sa surprise.

Admirant alors l'adresse du singe et son esprit d'à-propos, il le loue de son triomphe et retourne se cacher dans son repaire.

Commentant à ses disciples ce joli conte, le Buddha leur explique que le Roi des Singes était lui-même dans une existence antérieure, le crocodile était Devadatta, le cousin qui, dans la vie présente, l'avait persécuté et voulu faire assassiner.

On voit par ces charmants récits quelle forme accessible à l'esprit populaire avait revêtu le buddhisme.

Les paraboles et contes du Maître, auxquels beaucoup de récits du même genre furent ajoutés par ses disciples, ont énormément aidé à la diffusion de cette religion.

Bien des fables du folklore ont été adaptées aux besoins de la cause. La littérature buddhique est remarquable par ce qu'elle a emprunté à l'extérieur, assimilant et reproduisant sous une forme religieuse et morale les plus jolis contes populaires.

Le Buddhisme fournit les premiers spécimens authentiques d'une poésie qui n'est plus présentée sous forme d'hymnes et d'une prose qui n'est plus une écriture sacrée.

On doit observer que dans cette religion, la littérature profane n'est pas sortie des Écritures canoniques du Buddhisme, mais que, tout au contraire, c'est la religion qui s'est approprié une vaste littérature profane pour l'adapter à ses besoins de propagande et d'instruction religieuse populaire.

Mort du Buddha

Ayant maintenant une idée suffisante des méthodes d'enseignement auxquelles le Réformateur oriental eut recours, on arrive aux derniers faits de la vie du Maître.

Il vécut une longue existence, toujours errante, employée à prêcher la Doctrine et à faire le bien.

Très âgé, après avoir passé à Vaicali, et s'être arrêté chez la courtisane Ambapali, il retourna à Venouvana, près de Rajagriha, où il tomba malade.

Il surmonta cependant le mal; mais, sentant sa fin prochaine, il réunit ses fidèles disciples pour leur donner ses dernières instructions, prêchant alors son sermon d'adieu.

Il ne fit pas de révélation nouvelle, n'ayant rien gardé de secret. Mais il rappela à ses élèves l'ensemble de sa Doctrine.

Il ne leur laissa pas d'instructions particulières, pensant que l'Ordre (le Sangha) continuerait à prospérer après sa mort, car il n'était pas dans sa dépendance spéciale.

Chaque frère devait être une lampe de vérité et compter seulement sur lui-même.

Après avoir ainsi donné ses recommandations suprêmes, le Buddha continua de s'affaiblir; Il ne se trouvait bien que dans l'état de méditation.

TENTATIONS

C'est alors que Mara, le démon, lui apparut de nouveau.

Trois fois auparavant, il était déjà venu pour le tenter:

PREMIÈRE TENTATION.

Une première fois par l'orgueil, lui offrant de le faire Roi des quatre continents, lorsqu'Il était encore le prince Siddharta. Il avait refusé, cherchant seulement la Royauté spirituelle, non la temporelle.

DEUXIÈME TENTATION.

Une deuxième fois, Mara était venu près de la rivière Nairandjnâna, le tentant par la paresse, le renoncement à l'effort :

« Tu es émacié par le jeûne, la mort est proche, à quoi bon l'effort? Daigne vivre, tu auras le pouvoir de faire de bonnes œuvres. »

Le Bodhisattva avait répondu que mieux valait mourir dans la bataille que vivre dans la défaite.

TROISIÈME TENTATION.

Après les combats précédant l'Illumination et lorsque le Maître avait obtenu la Sagesse suprême, Mara était venu une troisième fois pour lui conseiller l'égoïsme :

« Sors maintenant de l'existence, le temps de mourir est venu, pour le Buddha. »

Le Maître refusa la béatitude du Nirvâna pour se consacrer au bien des hommes, accomplissant ainsi le grand sacrifice qui allait faire de Lui un Buddha de compassion.

Enfin, comme il était sur le point de terminer sa carrière, le Roi des illusions, revint le trouver, donnant cette fois un ordre :

« Sors de l'existence, Seigneur! »

Ayant accompli sa tâche, le Maître se soumit au destin en répondant :

« Sois satisfait, le Tathagata ne tardera pas à s'éteindre pour toujours! »

Appelant alors son disciple bien-aimé, Ananda, le Buddha lui fit part de la visite de Mara et lui annonça sa mort imminente.

Il se vit obligé de réprimander Ananda qui s'abandonna au désespoir à la pensée de perdre son Maître.

Les frères furent réunis, le Maître leur recommanda expressément d'éviter la pratique des arts magiques, de suivre toujours la voie du milieu, d'observer les règles de méditation qu'Il leur avait données, afin que les sept dons de Sagesse puissent illuminer leur esprit.

Il leur montra encore comment les choses composées doivent forcément vieillir et se dissoudre.

« Cherchez donc ce qui est durable et travaillez avec ardeur à votre salut. »

Le Seigneur Buddha se mit ensuite en route avec ses disciples.

DERNIERS MOMENTS DU BUDDHA.

Il allait parvenir au point final de son pèlerinage sur la terre.

Arrivé à Pâva, Il s'arrêta chez Tchunda, le Forgeron, qui lui offrit des gâteaux de riz et du porc séché.

Après avoir absorbé de ces aliments pour son repas, le Maître se sentit très malade et demanda à Ananda d'étendre un manteau sous un arbre, afin qu'il pût se reposer.

Dévoré par une soif ardente, Il réclama de l'eau. Ananda alla à la rivière pour en chercher, mais elle était bourbeuse, et il ne voulut pas donner de cette eau à son Maître. Deux fois, il y alla inutilement, ce n'est qu'à la troisième fois qu'il trouva l'eau devenue subitement limpide et qu'il put en apporter au Buddha expirant.

A ce moment, un jeune disciple de Kamala vint pour interroger le Seigneur. On voulut l'éloigner, mais l'ayant entendu, malgré son extrême faiblesse, Çakya-Muni ne voulut pas refuser la Lumière à celui qui venait la lui demander.

Le jeune homme fut amené devant le mourant et lui offrit deux robes d'or bruni.

« Seigneur, ces deux robes d'étoffe d'or sont prêtes à être portées, que le Bienheureux me fasse la faveur de les accepter de mes mains. »

Le Buddha accepta en disant :

« Pukkacha, revêts-moi de l'une, et Ananda de l'autre. »

Comme on avait déshabillé le Seigneur pour le revêtir des deux robes d'or, son corps apparut lumineux comme une flamme.

Devant l'étonnement causé par cette transfiguration, le Maître expliqua que ce fait se produisait deux fois dans la vie d'un Buddha :

1° dans la nuit de l'Illumination;

2° dans la nuit de la disparition.

Puis, le Maître dit que Tchunda ne devait pas avoir de remords : les offrandes d'aliments après l'Illumination et avant l'extinction de l'existence terrestre amènent un bon Karma.

Trouvant alors la force de se lever, le Buddha se dirigea vers l'Uparvatana de Kuncinajara, commander qu'on disposât pour lui un lit entre deux calas, la tête étant placée au Nord.

S'étendant sur ce lit pour mourir, Il s'adressa une dernière fois à ses disciples :

DERNIER DISCOURS DU BUDDHA.

« C'est en observant les préceptes du Maître qu'on l'Honore. Je ne suis point le premier Buddha qui soit venu sur la Terre et je ne serai point le dernier. »

« J'ai fondé le Royaume de Vérité : quiconque croit en elle et vit en elle est mon disciple et je l'instruirai. »

« Quand le temps sera venu, un autre Buddha se lèvera et vous révèlera la même Vérité éternelle que je vous ai enseignée. Il sera nommé Maitreyâ : Celui dont le nom est bonté. »

« Quiconque obéit au Dharma jouit pour toujours de la présence du Tathagata. Siddharta Gautama est mort, le Buddha reste. Toute douleur est détruite à jamais pour moi. Je ne prendrai plus de corps. Que la Vérité et les Règles de l'Ordre soient votre Maître. »

« La destruction est inhérente aux choses composées. La Vérité durera éternellement. Travaillez avec ardeur à votre délivrance. »

Ayant prononcé ces dernières paroles, le Buddha se tut — fermant les yeux, Il entra en méditation, et passant à l'état de Nirvâni, quitta son corps physique sans souffrance.

La mort du Buddha plongea les disciples dans une grande désolation. Cependant, obéissant à ses dernières recommandations, ils s'efforcèrent de surmonter leur douleur pour assurer la continuation de Son œuvre.

Ils procédèrent en grande pompe à l'incinération de Son corps, et les cendres en furent partagées en huit parts que l'on conserva pieusement dans huit Dagobas (tours) construits à cette intention.

RÉSUMÉ

Si l'on veut se former une idée d'ensemble sur la vie du Seigneur Buddha, on voit que l'amour pour l'Humanité et la Sagesse ont été ses guides.

Il a, comme le Christ, subi les assauts du démon venu pour le tenter par l'orgueil, la paresse, l'égoïsme.

Il a dû lutter contre toutes les forces d'illusion du monde astral avant d'arriver à l'Illumination.

Après avoir vaincu, Il devint le Sage parfait, connaissant le passé, le présent, l'avenir. La Loi de l'évolution du monde n'avait plus de secrets pour Lui. Il avait gagné la sérénité absolue, puisqu'Il était désormais identifié à cette Loi qu'Il devait prêcher jusqu'à son dernier instant.

Il est enseigné que lors de son Illumination, Il retrouva le souvenir intact de toutes ses existences passées (ce qui implique la permanence d'un centre de conscience reliant, grâce à la mémoire, toutes les personnalités dépendant d'un même centre de vie).

Son dernier discours indique non moins clairement la continuité de l'Etre, même dans l'état nirvânique, puisqu'Il promet d'instruire tout disciple qui suivra ses enseignements.

A ce propos, il est utile d'indiquer ici que l'anniversaire de son entrée au Nirvàna est célébré par une grande fête qui a lieu au Thibet à la pleine lune de mai de chaque année : c'est la fête du Vésac qui rassemble un très grand nombre de Buddhistes et de hauts dignitaires des monastères Thibétains. Un service religieux comportant des invocations au Buddha a lieu, et d'après les traditions buddhiques, le Maître apparaît à ses fidèles, revêtant pour ce jour-là l'apparence qu'Il avait eue autrefois.

Quittant pour un moment son état nirvânique, Il entre en contact avec les plans matériels, et vient bénir la Terre. Il apparaît dans un corps subtil, mais visible pour les sensitifs légèrement clairvoyants. Il est entouré d'une aura lumineuse, que l'on reproduit dans les statues qui le représentent, assis à l'orientale, et placé sur un socle à triple étage symbolisant les trois Mondes. Le point qu'il porte sur le front indique le corps pituitaire en activité chez le Maître, comme la protubérance qui surmonte sa tête marque la glande pinéale. Le premier centre correspond à la vision astrale, le deuxième à l'activité mentale, tous deux étant les supports physiques de centres appartenant aux organismes subtils de l'Homme. Il tient souvent dans ses mains une fleur de Lotus, symbole de la vie réalisée et reliée aux quatre éléments :

à la terre par ses racines,
à l'eau par sa tige immergée,
à l'air par sa tige émergée,
au feu par sa fleur s'ouvrant au soleil.

Le cœur de la Fleur est le Soi — le Joyau dans le Lotus.

Om! Mani Padme Hum,

selon le célèbre mentra thibétain.

On peut établir certains rapports entre l'existence du Buddha et celle du Maître de Judée qui fut tenté également par le Démon.

L'épisode de l'eau bourbeuse qui, à la troisième demande du Maître, devient limpide fait penser aux deux mondes inférieurs : le monde des réalisations grossières, le monde de l'illusion et de la tentation; enfin le monde mental, celui qui correspond au Swarga ou paradis des chrétiens qui est représenté par l'eau limpide, le breuvage d'immortalité donné par les deux Maîtres à tous ceux qui écoutent la Parole de vie. L'eau donnée par la Samaritaine et l'eau bourbeuse offerte par Ananda symbolisent la Nature, Maya. Par la Volonté du Buddha, comme par la Parole du Christ, elle devient l'Amrita, l'eau de la vie éternelle.

Les robes de tissu d'or offerte par Pukkasha sont données en vue de l'incinération du Maître, comme les parfums de la Madeleine ont été répandus sur les pieds du Christ pour sa sépulture.

Çakya-Muni charge son disciple bien aimé Ananda de le revêtir d'une des deux robes, car Il veut l'avoir près de Lui au moment de la mort, tout comme saint Jean, l'apôtre cher au Seigneur reposait sa tête sur le sein du Christ à la Cène.

Quant au repas, cause de la mort du Buddha, il est difficile de le prendre autrement que dans un sens symbolique.

Le Maître oriental ne recommandait pas un ascétisme exagéré, cependant, Il défendait le meurtre des créatures vivantes. Il ne pouvait donc consentir à manger du porc séché.

Il était, du reste, très âgé, malade; physiquement, cette nourriture ne pouvait lui convenir.

Quand on rapporte les présents d'aliments faits à Lui et à ses disciples, on cite toujours du riz, des gâteaux, du miel, du lait.

On est donc amené à croire qu'il ne s'agit là que d'une métaphore : parvenu au point ultime de Ses existences matérielles, le Maître fut saturé, pris d'indigestion, Il ne pouvait plus assimiler les aliments matériels, trop lourds, trop indigestes pour Lui. Il les rejeta, Il n'avait plus à se nourrir par leur intermédiaire, devant vivre désormais de la pure vie de l'Esprit.

Il allait revêtir à jamais la robe glorieuse du Dharmakaya et perdre tout rapport avec le monde grossier symbolisé par la chair indigeste du porc.

Ce n'est que par un effet de Son amour immense pour l'Humanité, dont Il a été un des grands Maîtres, qu'Il se manifestera en venant bénir les hommes à l'époque anniversaire de son ascension dans le Nirvâna.

Si on comprend ainsi ce dernier repas, on ne le trouvera plus si étrange, et on admettra que la nourriture offerte par le forgeron Tchandra lui valut une bénédiction et un heureux Karma.

Quelle que fût cette nourriture réellement, elle était le dernier point de contact entre le Maître, prêt à devenir le Nirvâni, et le monde matériel. Il était las de toute manifestation et n'avait plus à nourrir un corps, véhicule grossier, puisqu'Il allait passer au delà de l'existence phénoménale. Si même, par esprit d'humilité et pour ne pas chagriner celui qui croyait bien faire en lui présentant un aliment indigeste, le Buddha l'avait accepté, contrairement à Ses principes, on ne pourrait voir là que la marque d'un ineffable amour pour son prochain, en même temps que l'acceptation du moyen offert de sortir ainsi de l'existence.

Ce dernier repas, quelle que soit la façon dont il est interprété, atteignait le point de la saturation : il était impossible au Maître d'absorber et d'assimiler plus longtemps la nourriture nécessaire à l'entretien de la personnalité.

Le dernier discours prononcé est d'une beauté sublime, résumant en peu de mots toute la doctrine du Maître qui est fondée sur la Sagesse, l'intelligence qui discerne la Vérité présente derrière toutes les apparences. Elle s'appuie sur la douceur, le renoncement, la pureté, mais elle contient une note de pessimisme, de passivité et malheureusement un fond général d'athéisme par lequel elle se différencie de la doctrine du Maître occidental, qui devait compléter les enseignements du Buddha, en donnant au monde la Loi d'Amour et de Sacrifice représentée par la Religion chrétienne.

La tradition de l'Orient tend à la suppression de l'être actif en exaltant l'état subjectif du Nirvâna, tandis que la civilisation européenne repose sur l'effort, menant à l'épanouissement d'une personnalité toujours grandissante. La passivité a été combattue par l'Eglise qui n'a jamais admis le quiétisme, mais a, bien au contraire, préconisé la lutte contre les puissances mauvaises et a reconnu la nécessité de l'action, car le Paradis doit être conquis par les forts, il ne peut appartenir aux faibles, aux passifs. Les fidèles ont été groupés en trois catégories formant ensemble le corps de l'Eglise, assimilée au Christ :

1° L'Eglise militante, comprenant les hommes vivant sur la terre et luttant contre les forces du mal;

2° L'Eglise souffrante, formée par les désincarnés qui se purifient dans le monde du désir, s'efforçant de se détacher de leurs penchants grossiers;

3° L'Eglise triomphante, celle des élus formant la communauté des Saints, chantant la Gloire de Dieu en même temps qu'Ils servent d'intermédiaires, de protecteurs aux hommes qui ont recours à leur intercession.

Il y a loin de ce tableau vivant et agissant à celui présenté par le Buddhisme. Tout ce que l'on peut dire c'est que la philosophie religieuse du Maître oriental a préparé les voies à un épanouissement plus complet de la personnalité humaine.

La Réforme du Buddha fut très utile, elle corrigea les abus existant dans le brahmanisme, dans le domaine religieux et dans l'organisation sociale, car le Buddha s'éleva contre l'injustice inhérente au système des castes. Il préconisa le libre examen, la liberté de conscience, en cela, Il se rapproche des chefs de la Réforme chrétienne. Il donna un bel exemple de vie sainte, désintéressée, mais l'ensemble de son enseignement répond plus à l'intelligence qu'au cœur. On y trouve la Sagesse, mais la froideur, le renoncement, non l'action. Or c'est par l'action que le progrès peut avoir lieu. C'est pourquoi les races orientales, détachées des choses humaines, cherchant par-dessus tout la libération, c'est-à-dire l'affranchissement de l'effort extérieur, sont tombées dans un état de décadence qui a fait d'elles des proies désignées pour tous les conquérants. Ce n'est qu'en reprenant le goût de la vie et de l'action que les peuples trop vieux de l'Asie regagneront leur place dans le concert des nations.

CHAPITRE II

CHAPITRE II

Exposé de la doctrine.

Principes généraux, Résumé.

La doctrine repose sur cinq théories fondamentales : le Karma, les quatre nobles vérités, la doctrine du vide et celle du non-moi.

Pour obtenir une vue d'ensemble des théories du Buddhisme, il est nécessaire de revenir en arrière et de se reporter au moment où le Maître reçut l'Illumination suprême sous l'arbre Bodhi.

PREMIER ÉTAT DE CONSCIENCE
SAMMA-SAMBOUDHA.

Pendant la 1ʳᵉ nuit de méditation, le Buddha obtint la connaissance de ses vies antérieures (550) des causes des renaissances et des moyens d'éteindre les désirs.

DEUXIÈME ÉTAT DE CONSCIENCE
ABHIDJNA.

Au point du jour, Il avait découvert les 4 nobles vérités. Il était devenu l'Illuminé, le Sage, le Sarvajna, le Buddha.

Il avait atteint le second état de conscience, obtenant ainsi la connaissance des mondes manifestés et des époques d'évolution, les Manvantaras (périodes actives) et les Pralayas (périodes passives).

Il découvrit ensuite la cause de la douleur humaine et le moyen d'y échapper.

LES QUATRE NOBLES VÉRITÉS.

Les quatre nobles vérités sont :

1° Doukha-Satya, la connaissance de la douleur. Les misères de l'évolution terrestre qui répète les naissances et les morts;

2° La cause de la douleur, qui est le désir, toujours renouvelé, de se satisfaire sans jamais y parvenir;

3° La destruction de tout désir, qui seule, peut amener la cessation de la douleur;

4° Les moyens nécessaires pour détruire le désir, et qui sont appelés la noble voie octuple.

LA DOULEUR.

La douleur est certaine pour tous les êtres qui sont soumis à la naissance, la maladie, la décrépitude, la mort, la séparation des êtres aimés, le contact de ceux qui inspirent de l'éloignement, et le désir de ce qui ne peut être obtenu.

Ces souffrances frappent les hommes, à des degrés divers selon leur Karma. Quant à la mort, c'est la grande épreuve que nul ne peut éviter.

CAUSE DE LA
DOULEUR. TANHA.

La cause de la douleur est le désir, la soif de l'existence, avec les jouissances qu'elle amène. Ce désir (*Tanhâ*) pour l'existence (*Bhâva*) est une force tellement puissante qu'elle ramène l'être à la vie terrestre.

SAMSKARAS. TENDANCES.

Ce désir inassouvi est basé sur l'ignorance (*Avidya*) qui engendre Samskara, le penchant pervers, l'énergie d'où vient la forme individuelle (*Nama Rupa*), puis la vie des sens (*Védana*), ensuite le désir des sensations (*Trishnâ*) et enfin Karma, le résumé total de l'Ame formé par ses pensées et ses actions antérieures.

SUPPRESSION DE LA DOULEUR.

La suppression de la douleur est obtenue quand l'Homme peut se délivrer des attributs de l'être ou *Skandhas*.

SKANDHAS. ATTRIBUTS.

Les *Skandhas* comprennent :

1° Les qualités matérielles : étendue, solidité, couleur;

2° Les sensations;

3° Les perceptions, les jugements;

4° Les dispositions morales et mentales;

5° Les pensées.

Ces attributs sont des apparences et n'ont pas de réalité permanente.

KARMA.

Les Skandhas poussent l'être à agir par l'attrait de la jouissance, et l'action crée le Karma qui conditionne l'existence par la Loi de cause et d'effet.

Cet enchaînement constitue les douze Nidânas qui sont :

1° La cause de l'existence;

2° La douleur qui est inhérente à l'être;

3° La cause de la douleur est la naissance;

4° — de la naissance est la conception;

5° — de la conception est le désir;

6° — du désir est la sensation;

7° — de la sensation est le contact;

8° — du contact réside dans les sens;

9° — des sens est la forme exprimée par le nom (nama Rupa);

10° — du nom vient par l'entendement;

11° — de l'entendement vient par les concepts;

12° Les concepts viennent de l'ignorance (Avidya).

LE DÉSIR.

Tous les malheurs de l'existence découlent de l'ignorance.

L'Homme veut vivre, c'est-à-dire sentir, et ne comprend pas que ce désir égoïste amène fatalement pour lui la souffrance.

S'il se détache des désirs, il ne sera plus attiré à se réincarner et obtiendra sûrement la délivrance finale quand son Karma sera épuisé.

Le désir seul le lie, car, inassouvi, il porte en lui une force qui, immanquablement, devra se réaliser.

Toute la Doctrine repose sur la Loi de cause et d'effet, le Karma, auquel nul ne peut échapper.

Cependant, certaines écoles bouddhistes admettent que, par suite d'un mérite particulier, un homme peut obtenir les avantages qui modifient les effets d'un mauvais Karma, et aident à hâter son évolution.

Le Buddhisme enseigne que, dans la généralité des cas, l'Homme renaît sur la Terre. Cependant, cette règle n'est pas absolue. Il y a des systèmes entiers de mondes (Sanksatas), l'Homme peut être conduit à évoluer dans un de ces systèmes si son Karma particulier l'entraîne à quitter le globe terrestre.

Pour échapper aux souffrances qui proviennent des désirs inassouvis et des besoins causés par l'ignorance, il faut les dominer entièrement en détruisant la soif de la vie et de la sensation.

On peut effectuer cette conquête en suivant le noble octuple sentier.

LA VOIE OCTUPLE.

Les huit membres (*Angas*) de l'octuple sentier sont :
1° La croyance vraie quant à la Loi de causalité;
2° La Pensée vraie;
3° Le langage véridique;
4° L'action vraie;

5° Les vrais moyens d'existence;

6° L'effort loyal;

7° Le souvenir vrai et la discipline intérieure;

8° La véritable concentration de la Pensée.

La pratique de ces huit vérités amène la brisure des liens (*Upadanas*) et conduit au Nirvâna.

La paix appartient à ceux qui ont su vaincre le « Moi » et l'attachement à la vie.

Quand la lutte intérieure est finie, la douleur disparaît : la vie et la mort cessent.

CROYANCE VRAIE.

1° La croyance vraie est la doctrine droite. Elle consiste à marcher d'accord avec la Loi (*Dharma*), à gouverner les sens, à veiller au Karma;

PENSÉE VRAIE.

2° La Pensée vraie consiste à avoir de bons sentiments pour tout ce qui existe.

LANGAGE DROIT.

3° Le langage droit comprend la franchise, le calme, la courtoisie.

PRATIQUE DROITE.

4° La pratique droite exige que chaque action soit bonne et laisse transparaître l'amour.

DROITURE.

5° Les vrais moyens d'existence comprennent la pureté, la droiture.

EFFORT.

6° L'effort loyal doit être inlassable pour déraciner le désir de vivre.

SOLITUDE.

7° La solitude droite est le développement de la vie intérieure.

CONCENTRATION.

8° La concentration vraie est celle qui mène à l'extase.

PREMIER DEGRÉ :
LE DHARMA.

L'ensemble des quatre nobles vérités et de l'octuple sentier constitue le premier degré, le Dharma, la Vérité, la Religion.

L'ayant découvert, le Bodhisattva était devenu le Buddha, l'Illuminé.

SAMSARAS.

Toute souffrance vient de la personnalité, dont les désirs insatiables sont la cause des réincarnations (*Samsaras*).

FAUSSETÉ DU
MOI INFÉRIEUR.

Là où est le Moi, la Vérité n'existe pas.

C'est l'individualisme qui isole et l'égoïsme est générateur de l'envie et de la haine.

Le Moi est une illusion et tout le mal qui existe dans le monde en découle.

On ne peut pratiquer la voie droite qu'après avoir affranchi son esprit des passions de l'égotisme.

La paix n'est obtenue que lorsque toute vanité personnelle disparaît.

Celui qui comprend la grande Loi, le Dharma, a vaincu l'égoïsme, la vanité. Il devient une source de bénédiction pour tous les êtres.

DEUXIÈME DEGRÉ :
AFFRANCHISSEMENT.

Le deuxième degré comprend l'affranchissement des doutes, des illusions et des luttes intérieures. La délivrance des prêtres et des livres. Une seule vie doit être vécue quand ce degré est atteint.

TROISIÈME DEGRÉ :
AMOUR.

Le troisième degré comprend l'amour de tous les êtres, la Vérité parfaite. Les vies sont terminées.

QUATRIÈME DEGRÉ :
NIRVANA.

Le quatrième degré est celui des Saints, des Buddhas. Il mène au Nirvâna par la cessation de l'être manifesté.

Le Nirvâna est la félicité hors du temps et de l'espace. Nir, négation.

Vâna, racine (va) souffler. Calme parfait qui n'a plus rien de l'action ou agitation vitale. Extinction de l'illusion. Etat d'esprit dans lequel l'attachement (*Upadana*), la peine (*Klisâ*), le désir (*Trishna*) sont éteints. La condition de l'Illumination, le calme, le repos éternel.

(Çakya-Muni refusa de dire si le Nirvâna est l'extinction de toute personnalité.)

DOCTRINE, RÉSUMÉ.

Le Buddha résuma toute sa doctrine dans une strophe:

1° « S'abstenir de toute action malfaisante » (passif);

2° « Générer ce qui est bon » (actif);

3° « Purifier son esprit » (équilibre).

« Tel est le conseil constant des Buddhas. »

TRIPITAKA (1),
LES TROIS CORBEILLES.

L'ensemble des enseignements forme le Tripitaka ou les trois recueils, les trois corbeilles.

VINAYA PITAKA.

La première corbeille est le Vinaya Pitaka.
La première sentence s'y rapporte. C'est le recueil des observances et des disciplines.

SUTTA PITAKA.

La deuxième corbeille est le Sutta Pitaka, en rapport avec la deuxième sentence. Il contient les Paroles et enseignements du Buddha.

ABHIDHARMA PITAKA.

Le troisième recueil est l'Abhidharma Pitaka en rapport avec la troisième sentence. Il renferme l'ensemble des plus hauts enseignements du buddhisme concernant les Lois régissant le monde (physique et métaphysique).

LES CINQ RÈGLES PANÇA-SILA
OU PENSIL-SILA.

Les cinq règles ou Pensil-Silâ sont :

1° Ne tuez pas (soyez compatissants);

2° Donnez et recevez librement, ne dérobez pas;

3° Ne faites pas de faux témoignages, ne calomniez pas; ne mentez pas;

4° Evitez les drogues et les boissons troublant l'esprit, purifiez le corps, évitez le Soma;

5° Ne touchez pas à la femme d'autrui, ne commettez pas de péchés charnels illégitimes et hors nature.

---

(1) Le nom Tripitaka vient de trois corbeilles dans lesquelles étaient conservées les écritures sacrées.

Ces règles de conduite sont bonnes pour tous, sans exception.

On peut les comparer aux commandements de Dieu et aux commandements de l'Eglise, chez les chrétiens.

Cependant une grande différence existe entre les deux Religions.

Le Buddha ne reconnaît aucune révélation. Sa religion est fondée sur la connaissance des choses que l'homme peut obtenir par sa nature rationnelle. Tout repose sur des vérités démontrables. Ces vérités sont enseignées simplement, ouvertement.

Dans le christianisme, l'enseignement est voilé par des symboles et repose sur la Foi.

Il en est, du reste, de même dans le brahmanisme et l'hindouisme qui en est dérivé.

Le buddhisme primitif est à base essentiellement philosophique, non religieuse, si l'on entend par ce mot un rituel, un culte quelconque. En ceci, il se sépare des religions précitées.

Cet enseignement philosophique ne pouvait atteindre les masses que seul le côté moral attirait.

HINAYANA
(PETIT VAISSEAU DE SALUT).

Aussi a-t-il été appelé le petit vaisseau de Salut (Hinayâna).

MAHAYANA
(GRAND VAISSEAU DE SALUT).

Poussés par le désir de voir s'étendre leurs doctrines, les missionnaires buddhistes ajoutèrent à cette première base des notions mythiques et un élément fantastique, merveilleux, tiré du folklore, destiné à attirer l'esprit des multitudes, toujours assoiffé de surnaturel.

Ils rendirent ainsi accessibles au plus grand nombre les Doctrines primitives du Buddha.

Ils construisirent le Mahayâna, le Grand Vaisseau de Salut, qui a transformé une doctrine purement philosophique en une religion qui, maintenant, compte encore au nombre de ses adhérents un tiers environ des habitants de la terre qui cherchent les trois guides ou Refuges indiqués par le grand Sage.

LES TROIS REFUGES
(TRISARANA).

Les trois Refuges :

Gacchâmi : Je vais
Buddhama : à Buddha
Saranam : comme à mon guide.

Gacchâmi : Je vais
Dharma : à la Loi
Saranam : comme à mon guide.

Gacchâmi : Je vais
Sangha : au Sangha (communauté)
Saranam : comme à mon guide.

BUDDHA.

Le buddhiste regarde le Buddha comme Son Instructeur, son ami, son modèle.

DHARMA.

Il obéit et prend pour Guide la Loi, comme contenant les principes immuables de Justice et de Vérité et étant la Voie qui conduit l'Esprit à la Paix.

SANGHA.

Enfin, il considère les membres de l'ordre monastique fondé par le Buddha (le *Sangha*) comme des maîtres et des exemples vivants de la Loi enseignée par le grand Réformateur.

Seuls, constituent l'Ordre, ceux qui observent les préceptes, non de bouche, mais de fait : disciplinent leur intelligence, s'efforcent d'atteindre un des huit degrés de sainteté.

LES RÈGLES RELIGIEUSES.

Les membres laïques doivent suivre les cinq préceptes du Pança-Silâ. Pour les religieux, trois autres règles sont formulées :

1° J'observe le précepte de m'abstenir de manger quand c'est inutile;

2° J'observe le précepte de m'abstenir de danser, de chanter, de musique, d'exhibitions inconvenantes, de l'usage de guirlandes, de cosmétiques, onguents, ornements;

3° J'observe le précepte de m'abstenir d'user de lits larges et élevés.

ÉMANCIPATION PERSONNELLE.

La plus grande de toutes les œuvres méritoires est de répandre la Loi, le Dharma.

Les Buddhistes ne prennent pas leur Maître pour un Rédempteur capable de les racheter, par ses mérites, des fautes qu'ils ont commises.

Tout homme doit s'émanciper par lui-même.

Le Buddha est un Etre très sage, très clairvoyant, qui, ayant trouvé la Voie du Salut, l'a révélée aux hommes. Il a compris quelle était la cause de la douleur et découvert le moyen de la supprimer. Il est un Guide qui indique la Route à suivre.

JUSTICE.

La Doctrine se résume dans un mot : Justice, puisqu'elle admet l'opération infaillible du Kharma, l'action ou cause, agissant sur tous les plans.

Le Karma est la somme totale des actions d'un homme.

KARMA, PITICCA
SAMUPPADA DHAMMA.

« Mon action est ma possession; mon action est mon héritage; mon action est la matrice qui me porte; mon action est mon parent; mon action est mon refuge. »

Rien n'a d'existence réelle que le Karma, qui est la racine de l'être individuel.

LE KARMA, SOMME TOTALE DES SKANDHAS.

Le Karma, somme totale des attributs ou Skandhas, étant une fois épuisé, et nul lien nouveau ne venant enchaîner l'Homme aux Samsaras (réincarnations), le Nirvâna est atteint.

LES CINQ MÉDITATIONS.

Pour obtenir la libération, cinq formes de méditations doivent être pratiquées :

1° La méditation sur l'amour que l'on s'efforce de répandre sur tous les êtres, sans en excepter même ses ennemis;

2° La méditation sur la pitié dans laquelle on développe la compassion pour tous ceux qui souffrent;

3° La méditation sur la joie, dans laquelle on se réjouit de la prospérité des autres;

4° La méditation sur l'impureté, dans laquelle on considère les conséquences funestes du péché;

5° La méditation sur la sérénité, dans laquelle on s'élève au-dessus de toutes les vicissitudes de l'existence, considérant son propre sort avec une tranquillité parfaite.

LES SIDDHIS, FACULTÉS SURNATURELLES (LES SIX ABHIJNA).

Les facultés surnaturelles, ou *Abhijnâ*, que le Buddha acquit quand Il parvint à la connaissance suprême sont au nombre de **six** :

1° L'œil céleste, connaissance intuitive de chaque objet existant dans l'Univers (clairvoyance);

2° L'oreille céleste, capacité de saisir tout son dans le monde (clairaudience).

3° Le pouvoir de prendre toute espèce de figure ou de forme.

4° La connaissance de toutes les formes des existences précédentes, de soi-même et des autres (réincarnation).

5° La connaissance intuitive de la pensée de tous les êtres (télépathie).

6° La connaissance de la fin du courant de la vie (eschatologie).

LES QUATRE MÉDITATIONS PROFONDES (DHYANAS).

Il y a quatre Dhyanas, ou états de méditation profonde, qui permettent d'acquérir l'Abhijna (les Pouvoirs, ou Siddhis) :

1° Le premier Dhyana est l'affranchissement de toute sensualité.

2° Le deuxième Dhyana est une tranquillité d'esprit pleine de joie et de satisfaction.

3° Le troisième Dhyana est l'attirance de l'esprit vers les choses spirituelles.

4° Le quatrième Dhyana est un état de pureté et de paix que rien ne vient troubler.

LES DEUX PROCÉDÉS.

Il y a deux procédés par lesquels on supprime la passion et on arrive à la connaissance :

1° Samatha, par lequel on atténue la passion en menant une vie sainte et en faisant un effort continuel pour subjuguer les sens.

2° Vidarsana, qui permet d'atteindre à la sagesse supranormale par la réflexion.

Ces deux procédés et les quatre Dhyanas mènent le Sravaka (disciple) aux différents stades du sentier.

PREMIÈRE INITIATION (SROTAPANNA).

1° Srotâpatti, l'état de celui qui obtient la claire perception des quatre nobles vérités, ce qui permet d'entrer sur la voie.

DEUXIÈME INITIATION (SAKADAGAMIN).

2° Sakâdâgami, le chemin de celui qui a dompté la volupté, l'illusion, la haine, et qui ne doit retourner qu'une fois en ce monde.

TROISIÈME INITIATION (ANAGAMIN).

3° Anâgami, le degré de ceux qui ne doivent plus se réincarner.

QUATRIÈME INITIATION (ARHAT).

4° Arhat, l'état du saint qui est libéré de la réincarnation (Samsara), doué de sagesse parfaite et d'amour pour tous les êtres.

A ces quatre initiations classiques on joint un cinquième degré, celui d'Aseka, qui fait de celui qui l'atteint un Maître, un Instructeur des hommes, un *Mahatma* (grande Ame).

Il est possible d'aborder maintenant l'étude de la Doctrine du buddhisme et d'essayer de se faire une idée de ce que représente la philosophie enseignée dans ses Ecoles.

Le Buddhisme n'est pas une religion révélée, c'est un corps de doctrines exposant des vérités éternelles enseignées par les Buddhas ayant précédé Çakya-Muni, et qui seront également proclamées par les grands Instructeurs qui viendront après Lui.

Le Buddha posa comme principe qu'aucune prétendue révélation ne doit être acceptée sans avoir été soumise au contrôle de la raison et de l'expérience.

En cela, Il se rattache à la théorie du libre examen qui est à la base du protestantisme, et aussi à l'enseignement scientifique.

A ce point de vue, le Buddhisme mérite d'être appelé une philosophie plutôt qu'une religion. C'est un système d'éthique et de métaphysique transcendentale extrêmement positif qui, de même que la philosophie Sankhya, ne tient pas compte d'une cause première, non qu'il nie la possibilité d'être de cette cause, mais parce qu'il juge superflues toutes spéculations à son sujet.

Il se rapproche en cela de la philosophie d'Herbert Spencer qui appelle cette cause première l'Inconnaissable.

Ne s'occupant pas du principe causal, le Buddhisme est souvent considéré comme un système athée. Ses adeptes sont désignés sous le nom de Nastikas, venus d'un autre monde, de Songatas, sectateurs de Sangata (le bienvenu), et encore de Mukta-Kâttachas (ceux qui portent l'ourlet de la robe traînant à terre).

Le buddhisme s'occupe essentiellement de la condition humaine dont il s'efforce d'améliorer le sort.

Les quatre nobles vérités sont le fondement de tout l'édifice, l'enseignement entier s'y rapporte.

Le noble octuple sentier est basé sur la vérité qui doit être observée en toute chose, car la vérité est ce qui est, la vérité est la Loi, le Dharma. La Loi se réalise par le Karma ou plutôt le Karma est la Loi, cause et effet ne pouvant cesser de réagir l'un sur l'autre.

L'action produit l'effet, celui-ci à son tour représente une tendance venant de l'action passée et liant l'être à la fois par l'action et par la réaction. Les tendances sont donc les liens karmiques dont il importe de se délivrer.

Les tendances, ou centres d'énergies automatiques, limitent l'être, lui donnant des attributs qui le différencient des autres créatures. Les tendances (*Samskaras*) et les attributs (*Skandhas*) n'ont pas de réalité en eux-mêmes, ils représentent simplement des actions et réactions qui ne se rapportent qu'aux plans matériels de la nature, mais ne peuvent altérer le point fondamental de l'Etre qui, dans sa réelle nature, est le Nirvâni : Celui qui est au-dessus des modifications passagères de la Maya.

Aussi longtemps que l'homme s'identifie avec les tendances et les attributs, qu'il prend faussement pour lui-même, il est lié aux chocs provenant de ses actions, et des réactions qu'elles comportent. Il est donc forcément malheureux. Cela d'autant plus qu'il est séduit par le désir de la jouissance qui l'attire, et par conséquent misérable dès qu'elle lui fait défaut. Il est la proie, tour à tour, de l'amour et de la haine, toujours entraîné et repoussé. Ne se rendant pas compte de son aveuglement, il désire vivre et ce désir de la sensation l'enchaîne aux réincarnations.

La libération ne peut être acquise que par la destruction du désir.

Dans ce système entièrement rationnel, l'homme n'a pas à chercher d'aide extérieure, il doit trouver tout en lui-même, puisque le buddhisme ne lui offre pas l'appui d'une religion sacramentelle, au moins sous sa forme primitive.

Pour devenir un adepte du buddhisme, il suffit de se présenter dans un temple, de prononcer le Pensil et les trois vœux (*Trisarana*) prenant refuge dans le Buddha, dans la Loi, dans la Communauté. Le nouveau buddhiste s'incline devant la statue du Maître, offre quelques fleurs, une aspersion de gouttes d'eau et fait brûler une baguette de santal; le tout accompli par reconnaissance envers Lui, non comme acte d'adoration. L'ensemble des enseignements repose sur la pureté, la compassion, le détachement.

Il n'y a là aucune cérémonie rituelle, aucun ésotérisme. Il ne s'agit que d'une morale très élevée, mais assez froide, et dont le but, toujours présent, est la libération, c'est-à-dire le renoncement volontaire à toute existence active, ce qui est un idéal négatif.

Tel est, dans sa fraîcheur primitive, le buddhisme qu'enseigna aux foules le Réformateur Çakya-Muni. C'est là le grand vaisseau de salut auquel bien des adjonctions furent faites postérieurement (1). Entre cette simplicité et le buddhisme savant du petit vaisseau de salut, il y a loin; celui-ci était pour les disciples avancés auxquels il était donné de connaître les choses, non par paraboles, mais en vérité. Car, de même que le Christ, le Maître oriental avait deux enseignements : l'un donné à tous, l'autre caché, ce dernier, extrêmement savant, est représenté par les écoles philosophiques du buddhisme.

Quant à l'enseignement populaire, comme toutes choses, il subit beaucoup d'altérations. Les principes généraux sont demeurés partout les mêmes, mais la doctrine finit pas revêtir des formes religieuses complètement ignorées du buddhisme primitif. Ceci, surtout pour le buddhisme du Nord, et spécialement pour le buddhisme thibétain qui n'est étudié que depuis peu en Europe, le Thibet étant présentement encore fort peu connu, quelques rares voyageurs ayant, seuls, pu y séjourner.

On sait, en tout cas, que dans ce pays, le buddhisme s'est en quelque sorte fondu avec des traditions locales remontant à une très haute antiquité. Il y est devenu une véritable religion, vaguement théiste, ayant des cérémonies cultuelles fort curieuses, mais, en tout cas, bien étrangères au véritable buddhisme du Réformateur qui avait répudié toute pratique religieuse, comme inutile pour assurer le Salut.

Le buddhisme du Sud ou buddhisme de Ceylan est resté plus fidèle aux enseignements du Maître. Il est, par consé-

(1) Cet enseignement primitif peut être nommé le grand vaisseau de salut parce qu'il est adopté par toutes les communautés buddhistes. Cependant on donne ce nom spécialement au buddhisme du Nord, celui du Sud étant présenté comme petit vaisseau de salut.

quent, de tendances plus austères. C'est le buddhisme savant et athée, mais dénué de l'anthropomorphisme qui a dénaturé le buddhisme du Nord.

PRINCIPES GÉNÉRAUX.

Il est nécessaire de fixer tout d'abord les points principaux du système avant d'étudier les divergences existant entre les diverses écoles enseignant la haute philosophie du buddhisme.

EXPOSITION.

Deux choses sont éternelles : Akasha et Nirvâna.

Toute chose sort d'Akasha, en vertu d'une loi de mouvement qui lui est propre. Après une certaine période d'existence, disparaît de la manifestation pour reparaître après un repos égal à la durée active.

Rien ne sort de rien.

Tout est dans un état constant de flux et de reflux, subissant des changements qui assurent la continuité de la manifestation selon une loi d'évolution immuable.

Rien d'organique n'est immortel. Toutes les choses qui naissent doivent mourir en tant que formes, tandis que l'essence (Svâbhâva) dont elles sont faites est unique.

Les choses sont différentes selon les formes qu'elles revêtent, sous l'influence d'impressions variées.

La matière est éternelle quant à son essence, qui est l'Akasha (1) dont elle est la manifestation. Les formes matérielles sont des modifications passagères de la matière.

Proclamant ainsi l'éternité de la matière, dans son essence, le buddhisme soutient de même la théorie de l'indestructibilité de la force.

---

(1) Akasha est pris ici dans le sens de matière cosmique, non de 5ᵉ élément ou éther, lequel n'est pas admis par les buddhistes.

Enseignant ces deux principes, il n'admet pas la création de l'univers, mais son évolution, réglée par la loi même de son existence.

ÉVOLUTION.

Ce principe immuable d'évolution, base de l'univers, comme de chaque être particulier, est guidé par le Karma, collectif ou individuel, évoluant un autre univers ou un autre être spécialisé, quand paraît l'occasion générée par un acte antérieur, toute cause devant nécessairement être suivie d'un effet de même nature.

KARMA.

« Par la causalité, le monde existe; toutes choses existent par elle. Tous les êtres sont liés à elle » (Vâsetta Sûtra).

Le Karma du présent univers évoluera un autre Kosmos, comme il a été évolué lui-même de l'Akasha.

Ceci est la clé de voûte du Buddhisme.

Il y a donc trois propositions fondamentales adoptées par le Buddhisme :

1° Eternité de la matière.
2° Eternité de la force, ou loi d'évolution.
3° Eternité de la causalité, ou Karma.

Le Karma est une loi opérant sur tous les plans, par laquelle toute action reçoit sa rétribution méritée, qu'elle soit bonne ou mauvaise.

Par là, ce système est basé sur la justice absolue.

Pour ce qui est du Nirvâna, tout en enseignant son éternité, le Buddha s'est toujours refusé à le définir exactement, se contentant de dire qu'il était partout où les principes étaient observés.

La définition du mot impliquant l'absence de toute modification, la disparition du souffle, symbole de la vie (inspir et expir, les deux mouvements nécessaires à l'existence réalisée), il s'ensuit que l'état nirvânique exige l'abandon de toute existence phénoménale. Le soi se consacre uniquement au service de la vérité, il est identifié avec la loi, revêtu de la Robe Dharmakaya, il passe au delà de la manifestation.

Cette définition du Nirvâni ne donne, évidemment, aucune explication quant à l'état exact correspondant à ce terme. Tout au plus peut-on croire qu'identifié à la loi, le Nirvâni participe de son éternité, mais cette identification lui laisse-t-elle une soi-conscience, c'est-à-dire une individualité? Il est difficile de se prononcer, le Maître lui-même n'ayant pas éclairci la question. Cependant, puisqu'il est de tradition, dans le monde buddhiste, que le Buddha quitte son état nirvânique à la fête du Vésac pour venir bénir la terre, ceci laisse supposer qu'Il a conservé un centre permanent individuel, car autrement cela serait impossible. Là où il n'existerait plus de différenciation, si subtile qu'elle puisse être, il ne saurait subsister d'activité personnelle : la soi-conscience résultant nécessairement de l'opposition du soi avec le non-soi, repose sur une limitation qui seule peut créer et maintenir le sentiment du « Je ».

Si le « Je » persiste chez le Nirvâni, son mode de vie, son comportement, dirait la science actuelle, est incompréhensible pour l'esprit incarné soumis aux limitations de l'existence terrestre.

UNITÉ.

Le buddhisme reconnaît l'existence d'un tout dont les êtres et les choses ne sont que des parties.

Par contre, il nie l'existence du moi séparé, l'homme ne peut être considéré comme une entité séparée des autres entités, hors de l'existence universelle.

> Sur ce point on peut dire que l'homme en tant qu'être particulier, est séparé des autres entités par ses véhicules, mais réuni à toutes les créatures par son principe de vie qui ne peut être distinct de la vie universelle.

AME ET ESPRIT.

L'âme, si on la regarde comme principe intermédiaire entre l'esprit et le corps, ne doit pas être considérée comme immortelle.

Etant de nature matérielle, quoique subtile, elle est sujette à des transformations, donc ne peut être envisagée comme étant permanente.

Il n'y a pas de survivance perpétuelle pour une chose passagère, elle est apparue, elle doit disparaître.

TANHA, LE DÉSIR DE VIVRE.

Ce qui donne à l'homme l'impression d'avoir une personnalité permanente est le désir insatiable de vivre sur la terre. C'est Tanhâ, qui persiste après la mort, causant sans cesse de nouvelles incarnations.

UPADHANA.

L'attachement à la vie, qui découle de Tanhâ.

KARMA.

L'être mérite une récompense ou un châtiment, et il renaît sous l'influence de Karma.

On ne peut cependant prétendre que ce soit directement le même être qui se réincarne.

SKANDHAS ET SAMSKARAS.

Ce qui renaît est une agrégation nouvelle de Skandhas, ou attributs, qui représentent la dernière pensée génératrice de la personnalité qui vient de mourir.

Les apparitions successives, ou descentes en génération, ont donc pour cause une modification des Skandhas, amenée par les actes d'un certain être. Ces tendances, vivifiées par le désir de vivre (*Tanhâ*), apparaissent comme une succession de personnalités, différant chacune de la précédente incarnation ou de celle qui suivra, toutes se rattachant au même fil de vie.

FIL DE VIE (SUTRATMA).

Les personnalités changent, le centre vital est le même.

Karma se réfléchit dans des apparences diverses, mais se rapporte toujours au même être.

C'est lui qui amène les différences dans les combinaisons des cinq Skandhas, et, par suite, les dissemblances entre les diverses personnalités reliées au même fil de vie (le *Sutratma*) et aussi entre tous les hommes, dont pas un n'est semblable aux autres.

Les cinq Skandhas sont, comme il a déjà été dit : (1)

1° *Nama Rupa*, les qualités matérielles.

2° *Védana*, les sensations.

3° *Sânna*, les idées, perceptions, jugements.

4° *Samskaras*, les dispositions morales et mentales.

5° *Vijnâna*, les pouvoirs de la conscience.

SKANDHAS, SAMSKARAS.

Ces cinq groupes sont pris comme effets résultant d'une cause, autrement dit, ils sont les attributs de l'être, les Samskaras, liés à ses tendances ou Skandhas, qui sont :

1° *Samskara*, le penchant pervers.

2° *Nama Rupa*, la forme individuelle.

3° *Trishnâ*, le désir des sensations.

4° *Karma*, le résumé total de l'âme.

Ces quatre tendances ont comme base commune l'ignorance, *Avidya*.

On peut voir que plusieurs termes sont communs à l'un et l'autre groupe, la tendance et l'attribut étant confondus.

On peut essayer de rendre ces classifications plus claires en prenant les définitions et en laissant les termes sanscrits.

L'homme — par ignorance — désire la jouissance matérielle, ce qui l'entraîne sans cesse à se réincarner, c'est-à-

(1) Les classifications diffèrent légèrement selon les écoles.

dire à prendre une forme individuelle lui permettant de réaliser son désir de jouir des sensations, de développer son intellect, puis ensuite d'atteindre l'intelligence abstraite. Il construit ainsi peu à peu une personnalité ayant certaines tendances émotionnelles et intellectuelles. L'ensemble de ces tendances constitue son Karma, ou Ame collective, représentant la somme globale de ses activités. Il prend, à tort, cette âme différenciée pour lui-même, or, ce qui est le résultat n'est pas la cause. L'homme est esprit — dans sa nature suprême — il ne doit donc pas s'identifier avec les formes passagères qui ne sont que des modifications matérielles provenant des combinaisons successives des forces qu'il a générées, car tendances dit énergies prêtes à se réaliser dès que les possibilités seront offertes.

L'homme est donc à la fois la tendance et l'attribut résultant de cette tendance. C'est pourquoi les tableaux sont deux et en quelque sorte un, Skandhas et Samskaras étant inextricablement mêlés. Ce qu'il importe de saisir, c'est que tendances et attributs n'ont pas de réalité permanente et ne peuvent, par conséquent, représenter le Soi.

KARMA.

Le Karma d'un individu est produit par ses vies antérieures. C'est une force directrice, qui, unie à l'énergie mise en œuvre par Tanhâ, le désir de vivre, amène la modification des Skandhas, représentée par une nouvelle personnalité qui ne sera pas la même que la précédente, et cependant ne sera pas une autre.

De même que la personnalité âgée de 40 ans est identique à elle-même à l'âge de 20 ans, malgré les changements physiologiques, intellectuels et moraux qu'elle a subis, de même les personnalités différentes sont un seul et même être, sous des apparences diverses, amenées par des combinaisons nouvelles des Skandhas.

RÉINCARNATION NORMALE.

Chaque combinaison nouvelle se rapportant spécialement à un Karma généré par une personnalité antérieure, on peut dire que l'homme nouveau est le reflet direct, la réincarnation de cette personnalité disparue, mais ce reflet est teinté des expériences faites par toutes les personnalités rattachées au même fil de vie.

OBSESSION.

La personnalité à laquelle un homme est ainsi relié directement peut se réincarner en lui si intensément qu'elle devienne une sorte d'obsession, de prise de possession des véhicules nouveaux, parfois si complète, qu'elle omnubile toutes les tendances demeurées à l'état latent : lesquelles étaient le fruit de la lignée entière des personnalités reliées au fil de vie. Dans ce cas, il peut y avoir régression, s'il s'agit d'une personnalité mauvaise ou sorte d'illumination, si c'est une personnalité plus élevée que la moyenne des manifestations d'une même ligne de vie.

RÉINCARNATIONS MULTIPLES.

En moyenne, on est amené à penser qu'une seule personnalité antécédente se manifeste dans une existence, mais, dans le cas d'une vie très mouvementée, sujette à de grandes vicissitudes, on peut croire qu'il s'agit d'une opération accélérée du Karma, amenant la réflexion de plusieurs groupes de Skandhas dans une même vie, et par suite leur extinction.

Ce fait de personnalités différentes se reflétant dans une même existence, est rendu très clair par ce que l'on appelle le phénomène de conversion.

LA CONVERSION.

Dans ce cas, apparaît de toute évidence un changement profond dans l'être qui est converti.

On a affaire désormais à une personnalité très supérieure, moralement et spirituellement, à ce qu'elle paraissait être précédemment.

On peut alléguer que l'homme, à la suite d'une perception intérieure, a reconnu avec certitude des vérités spirituelles qu'il ignorait auparavant. Cela est très plausible, en effet. Cependant, la possibilité de cette perception nouvelle implique une modification de son être, c'est-à-dire de ses tendances et de ses attributs, modification qui a fait éclore chez lui des facultés supérieures à celles qu'il possédait avant sa conversion.

On peut donc conclure qu'il représente désormais un reflet karmique nouveau, ce qui ne diminue en rien l'expérience religieuse qu'il a faite. On doit seulement dire que cette expérience de vie spirituelle a été rendue possible par l'apparition d'une agrégation nouvelle de ses Samskaras et Skandhas.

C'est l'aspiration à atteindre un idéal pressenti par la Foi qui a facilité la résurrection d'une personnalité plus élevée du passé, cet élément bon se combinant avec la force spirituelle qui se répand toujours sur celui qui implore l'aide divine, amène le phénomène de la conversion ou, en termes chrétiens, le miracle de la Grâce.

CHANGEMENT DE PERSONNALITÉS.

On peut observer également le changement de personnalité qui apparaît chez certains individus après de graves maladies ou de terribles chocs moraux, ces modifications n'amenant pas le phénomène de la conversion, mais simplement des changements bons ou mauvais. Ces modifications peuvent être attribuées à des altérations dans l'organisme physique, ne permettant plus la manifestation normale de l'individu. Mais tel n'est pas toujours le cas, le corps peut fonctionner comme précédemment et cependant les tendances caractéristiques de l'homme peuvent être profondément changées. Il se présente alors deux explications : l'être, propriétaire du corps, est mort réellement et a été remplacé par une entité qui s'est approprié les véhicules ou, simplement, il s'agit d'un changement de personnalité se rapportant toujours au même fil de vie. Cette intrusion équivaut à la mort partielle de l'homme auquel ce phénomène arrive, car il ne représente plus la première personnalité disparue, mais une autre, rattachée au même centre vital. D'autre part, une liaison existe entre les deux apparences, grâce au Sutratma qui donne son reflet à l'une comme à l'autre. On doit donc penser que l'homme est autre, tout en étant le même.

Or ceci, qui peut arriver dans une même vie, est ce qui se produit plus nettement après l'intervalle causé par la mort. Seulement dans ce cas, la mémoire se trouve abolie, tandis qu'elle a été conservée quand il s'agissait de changement de personnalités dans une même existence.

PERSONNALITÉS MULTIPLES.

On peut rattacher à ces phénomènes les cas, bien connus en médecine, des personnalités multiples se manifestant à intervalles réguliers ou d'une façon sporadique. Il peut s'agir, bien entendu, d'obsessions étrangères au sujet considéré, mais aussi de revivifications passagères, parfois même relativement permanentes, de groupes de Skandhas différents, représentés par des personnalités multiples, mais fondamentalement de même origine.

L'être soumis à ces altérations peut relier ses divers états, sa conscience étant modifiée, non changée complètement. Dans certains cas, il se sent obsédé, prêt à commettre des actes qu'il réprouve, aussi bien que surélevé au-dessus de lui-même, capable d'actions plus grandes que son développement présent pouvait le faire prévoir.

NÉVROSES, FOLIE.

La liaison entre les divers états peut aussi faire défaut, l'homme n'étant conscient que de l'état correspondant à celui dans lequel il se trouve présentement.

Ces états anormaux, qui peuvent aller de simples obsessions à la folie complète, proviennent donc, ou d'intrusions de personnalités antécédentes, ou de cas de possession plus ou moins permanentes venant d'entités étrangères au centre vital.

Ces considérations jettent un peu de lumière sur les conditions de la réincarnation, contre laquelle le principal argument présenté est le manque de mémoire du passé.

La mémoire appartient aux Skandhas. Chaque agrégation nouvelle apporte une faculté d'enregistrement particulière, qui trouve son moyen d'expression dans un nouveau corps mental. Il est donc naturel que la désagrégation de ce corps, après la période dévachanique, amène l'abolition de la mémoire entre les vies différentes.

Les changements de personnalités ayant lieu dans une même vie, sont traduits, quant à la mémoire, par le même corps mental s'exprimant par le même cerveau physique. Il y a donc liaison entre les personnalités se rapportant au même centre vital et s'exprimant par les mêmes organes, ce qui ne peut arriver après la destruction, par la mort, de ces moyens d'expression.

MÉMOIRE PERMANENTE.

Cependant, le Buddhisme enseigne que la mémoire permanente peut être obtenue quand l'homme atteint le quatrième état de méditation : Dhyana, clairvoyance psychique supérieure. En atteignant le centre du fil vital, quand sa conscience passagère s'unit à la conscience globale, il retrouve la réflexion de toutes les vies passées conservée dans l'agrégation totale des Skandhas dont il ne représente qu'un fragment.

Le panorama complet de ses vies antérieures se déroule devant lui, imprimé dans l'Akasha du corps relativement permanent, qui subsiste tant que l'homme n'est pas passé au delà de l'évolution humaine.

C'est ainsi que le Seigneur Buddha retrouva la connaissance de ses vies passées (550 environ, d'après la tradition) lorsqu'il parvint à l'illumination.

NIRVANA.

Toutes ces modifications passagères de l'être qui se manifeste dans des personnalités successives tend à aboutir à l'état nirvânique, là où nul changement ne survient plus, l'homme étant désormais, non un être, mais l'étreté, la possibilité d'être, qui ne se manifeste plus dans une existence formelle.

A cet état de repos absolu, cinq obstacles s'opposent : L'avidité, la malice, la paresse, l'orgueil, le doute.

Ces défauts exigent, pour être vaincus, une lutte perpétuelle. Le buddhisme enseigne un minutieux système d'examen pour les reconnaître en soi-même, permettant de les combattre efficacement.

BRISURE DES LIENS.

L'étudiant parvient alors à briser les dix grands obstacles appelés les dix chaînes (Sanyojanas) qui sont :

1° S'illusionner sur soi (*Sakkayaditthi*).

2° Le doute (*Vicikiccha*).

3° La dépendance des rites (*Silabbata paramasa*).

4° La sensualité (*Kama*).

5° La haine, la malveillance (*Patigha*).

6° L'amour de la vie terrestre (*Rûparagâ*).

7° Le désir du ciel (*Arûparagâ*).

8° L'orgueil (*Mâna*).

9° La suffisance, se croire meilleur que les autres (*Uddhacca*).

10° L'ignorance (*Avidya*).

C'est par la destruction de ces obstacles et la connaissance de la vérité que le disciple parvient à l'état d'Arhat.

DISCIPLES DU BUDDHA.

Le Buddha eut, parmi ses disciples, quatre-vingts Asiti Maha Sravakas, spécialement renommés pour le développement supérieur qu'ils avaient obtenu grâce à leur connaissance de l'enseignement du Maître.

Le principe fondamental sur lequel cet enseignement est basé est appelé Paticca Samupada, ou encore Nidâna, la chaîne des causes, l'origine de la dépendance.

LES DOUZE NIDANAS.

On compte, comme il a déjà été dit, douze Nidânas :

1° *Avidya*, ignorance.
2° *Samskara*, action causale Karma.
3° *Vînnâna*, conscience de la personnalité.
4° *Nama rupa*, la vie de la forme.
5° *Salayatana*, les six sens.
6° *Phassa*, la relation.
7° *Vesanâ*, la sensibilité.
8° *Tanhâ*, le désir de jouir.
9° *Upâdana*, l'attachement.
10° *Bhâva*, l'existence individualisée.
11° *Jati*, la naissance, la caste.
12° *Javâ* ou *marâna*, le déclin, la mort, le regret, le désespoir.

La compréhension des douze Nidânas est extrêmement difficile, et intelligible seulement aux personnes déjà très avancées.

Le Buddha, pour enseigner sa doctrine, a employé les récits, les paraboles, quand il s'adressait à la masse ignorante.

LES TROIS DOCTRINES.

Pour ses disciples, il a divisé son enseignement en trois corps de doctrine :

Le *Sutta Pitaka*, ou les observances.
Le *Vinaya Pitaka*, les lois morales.
L'*Abhidharma Pitaka*, la métaphysique.

LES SIDDHIS.

Le buddhisme admet que l'homme possède des pouvoirs latents qui peuvent être développés par un entraînement approprié. Ils sont naturels et se manifestent au cours de l'évolution humaine.

Ce côté, concernant les pouvoirs ou *Siddhis,* est étudié spécialement dans le traité appelé *Visuddhi-Marga.*

L'ensemble de la science psychique porte le nom de *Iddhi-Vidhanâna.*

Deux méthodes sont indiquées pour développer les Siddhis :

Le *Lankika* et le *Lôkâttara.*

Le *Lankika* consiste en pratiques ascétiques, usage de certaines drogues, récitation de mentram, emploi de charmes spéciaux.

Il amène la production de certains phénomènes, mais peut être perdu facilement. Son effet ne persiste généralement pas d'une incarnation à une autre.

LOKOTTARA.

La méthode *Lôkâttara,* au contraire, permet d'acquérir pour toujours certains Siddhis. Elle est basée sur la méditation (*Dhyana*).

Le Buddha possédait les pouvoirs les plus étendus. Parmi ses disciples, Mogallâna (*Maudyalyayana*) fut le plus célèbre à ce point de vue spécial. Ananda, le disciple cher au Maître, ne put obtenir de phénomènes qu'après vingt-cinq années d'entraînement.

Les pouvoirs ne viennent jamais spontanément; l'Homme les développe de vies en vies. Quand ils apparaissent soudainement, c'est qu'ils ont été développés antérieurement. On compte six stades dans la méthode Lokôttâra, accessibles aux Arhats, c'est-à-dire aux Initiés jusqu'au quatrième degré.

Les facultés supérieures à ces stades ne sont atteintes que par un Buddha.

LES SIX STADES DE DÉVELOPPEMENT PSYCHIQUE.

Ces stades sont divisés en deux groupes de trois.

Le premier groupe comprend :

1° Le pouvoir de remonter dans le passé jusqu'aux origines.

2° La clairvoyance progressive et le don de prophétie.

3° L'extinction des désirs et des attaches matérielles.

Le second groupe comprend les mêmes pouvoirs mais sous une forme illimitée.

L'ensemble de ces pouvoirs porte le nom de *Iddhi-Vidha*.

Celui qui les possède peut manipuler les forces de la nature, produire des phénomènes sous formes d'expériences scientifiques.

DANGERS DES SIDDHIS.

Le Buddha n'encourageait pas cette sorte de développement pour plusieurs raisons.

Tout d'abord, ces phénomènes peuvent être produits par des magiciens pratiquant la forme inférieure de la Iddhi-Vidha, c'est-à-dire le Lankika. Les pouvoirs amènent souvent, chez ceux qui les possèdent, de la vanité et de la curiosité frivole. Pour les personnes qui sont témoins de phénomènes qu'elles ne peuvent comprendre, n'en connaissant pas les lois productrices, le trouble et la peur sont facilement à craindre.

De plus, les Shiddis ont toujours rapport au côté phénoménal des choses; par conséquent, ceux qui les recherchent sont détournés de la véritable spiritualité qui, seule, est source de libération.

Celui qui veut les obtenir doit développer en lui la volonté, le pouvoir du mental et sa stabilité, apprendre le discernement du juste et de l'injuste.

Cette réprobation concernant les pouvoirs occultes n'est pas trouvée seulement dans le Buddhisme. La religion chrétienne les a toujours tenus également en suspicion, pour les mêmes raisons que celles présentées par le Maître oriental. Tous les Instructeurs en théologie mystique les ont regardés comme étant de sérieux obstacles, empêchant le disciple d'atteindre les hauts états de vie intérieure.

Pour résumer l'enseignement général du Buddha, on peut dire qu'il est basé sur la tolérance, l'amour fraternel entre les hommes, la bonté envers toutes les créatures.

Il reconnaît l'évolution de l'univers, non la création.

La loi ou Dharma règle cette évolution.

Le buddhisme n'est pas une révélation, il enseigne des vérités naturelles. Le désir est la cause de la réincarnation, et la réincarnation est la cause de la douleur.

Celui qui détruit le désir personnel, cultive l'altruisme, développe l'intelligence et la sagesse, pratique la méditation, parvient à l'état de paix qui est le Nirvâna.

On détruit l'ignorance par la connaissance des quatre nobles vérités et la pratique de la noble octuple voie.

La méditation correcte est la base de tout entraînement mystique et occulte. Elle conduit à la Lumière spirituelle, c'est-à-dire à l'épanouissement du principe buddhique latent dans tout être humain. (L'arbre de vie du Paradis chrétien.)

Passé au delà du monde des phénomènes, son Karma étant épuisé, l'homme n'est plus soumis à la Loi de la réincarnation. Tout désir de vie personnelle est éteint en lui, il est libre.

1° Pour arriver à cette délivrance, il doit observer les cinq grands préceptes : ne pas tuer, ne pas voler, éviter la luxure, ne pas mentir, s'abstenir de stupéfiants et d'alçool.

2° Il doit combattre la superstition, s'instruire dans la littérature et les sciences, ne rien croire qui ne soit d'accord avec la raison.

3° Il doit cesser de créer des liens avec les autres êtres, le bon Karma attachant aussi bien que le mauvais.

4° Il doit, petit à petit, briser tous les liens qui, étant causés par le désir, l'amèneraient de nouveau en réincarnation; car, ce à quoi « l'Homme pense, il le devient ». Ce qu'il souhaite lui est infailliblement accordé dans un futur, réglé par son Karma.

Ne rien souhaiter pour soi, observer la Loi, ne pas mériter de punition et ne pas désirer de récompense, telles sont les clés qui ouvrent les portes de la prison dans laquelle l'Homme est enfermé.

Détourner son activité du monde extérieur pour la ramener vers le domaine intérieur, vrai royaume de la Paix, tel est l'unique moyen de salut.

Il faut pratiquer la méditation avec persévérance; c'est par elle que la vie intérieure est nourrie et développée.

Pour méditer avec fruit, l'Homme doit devenir maître de son mental et de son corps de désir.

Pour cela, il lui faut observer trois préceptes dans lesquels le Buddha a résumé sa doctrine :

« S'abstenir de tout péché;

« Devenir vertueux;

« Purifier le cœur ».

Le premier précepte éloigne des choses matérielles nuisibles.

Le deuxième permet de réaliser l'aspect Dharma de l'Univers, qui étant la Loi d'évolution, comprend tout ce qui est bon et beau.

Enfin le troisième, par la purification du cœur, amène la cessation des désirs égoïstes, ce qui permet à la Lumière spirituelle, l'intuition, la divine Sagesse, d'inonder le cœur de l'Homme, faisant de lui le saint Arhat, le Maître qui vit désormais dans le corps de la Loi; vêtu de la robe Dharmakaya, la robe de Paix et d'immortalité, il est devenu un avec la Loi, essence de l'Univers, ce qui est éternellement au-dessus de toute manifestation, au delà des périodes d'activité et de repos.

Ce résumé de la Doctrine, empreint de la plus haute morale, a bien des points communs avec l'enseignement chrétien.

Le travail intérieur, par lequel l'Homme arrive à la connaissance de sa nature spirituelle, est le même que celui auquel se livre le mystique occidental. Le rayonnement de la Lumière divine qui vient éclairer l'âme purifiée, est semblable dans les deux doctrines. Que cette Lumière soit appelée Amitâbha Buddha ou Lumière du Verbe, cela importe peu, puisqu'il s'agit évidemment du même principe divin. On doit cependant noter que dans le Buddhisme, le disciple ne fait pas appel à un Dieu extérieur, mais à sa propre lumière intérieure. Qu'importe encore, puisqu'il est dit que c'est seulement par la Lumière du Verbe, Fils éternel de Dieu, que l'Homme peut s'élever jusqu'au Père. Celui qui réussit à atteindre la Lumière qui brille en lui, par cela même devient participant de la Lumière infinie et éternelle. Et il n'est pas possible de nier que l'Homme capable d'observer et de pratiquer les enseignements du grand Réformateur de l'Orient est certainement sur la voie du salut. Le détachement des choses extérieures est conseillé dans les deux lignes d'entraînement, aussi bien que la recherche de la vie intérieure, celle-là seule dans laquelle il est possible de trouver la véritable Paix, non la paix comme le monde l'entend, mais la sérénité immuable offerte à leurs disciples par les deux plus grands Maîtres de l'Humanité, Çakya-Muni, le Seigneur Buddha, et Jésus, le Christ de Judée.

CHAPITRE III

CHAPITRE III

Philosophie et Écritures sacrées.
Les Conciles.

LES SUTRAS (APHORISMES).

Le Seigneur Buddha est l'auteur de Sutras (aphorismes) qui constituent un corps de doctrine nommé Agama ou Sâstra, auquel les buddhistes reconnaissent un caractère d'autorité et de sainteté.

LES QUATRE ÉCOLES.

La diversité de l'enseignement donné par le Maître à ses disciples aux diverses époques de sa vie, les différentes constructions du texte, et aussi les interprétations particulières des groupes de disciples ayant voyagé dans les différents territoires de l'Inde, ont amené, avec le temps, des divergences assez considérables dans ce corps de doctrine, qui finit par se diviser en quatre sectes ayant certains points de vue différents, tout en reconnaissant le Buddha comme leur Instructeur unique.

Partageant ces quatre écoles en deux camps principaux, on peut diviser le buddhisme en deux groupes :

Le premier est nommé buddhisme du Sud ou cynghalais.

Le second, buddhisme du Nord, du Népaul, ou encore thibétain.

Souvent unies, ces deux grandes écoles diffèrent cependant sur bien des points et n'emploient pas le même langage.

ÉCRITURES BUDDHISTES.

L'école du Nord écrit ses ouvrages en sanscrit, celle de Ceylan en pâli, qui est un dérivé du sanscrit.

LE KANDJOUR.

Les disciples directs du Buddha écrivirent sous sa dictée les prédications dans lesquelles Il exposait sa doctrine. Ces écrits forment une collection de cent huit gros volumes portant le nom de Kandjour, ou Instruction verbale.

Ces écrits ont certainement subi des altérations et ne sont plus exactement ceux dictés par le Buddha.

Les uns ont été chargés de légendes extraordinaires, fruits de l'imagination luxuriante des orientaux, et aussi d'un mélange avec les traditions du folklore indigène.

Les autres ont versé dans la métaphysique la plus abstraite. Si bien que, dans la religion réformatrice du Buddha, on retrouve les deux tendances que l'on remarque dans le Brahmanisme : le courant philosophique qui s'appuie sur les upanishads et sert de fondement aux grandes écoles spiritualistes, et le courant démotique, qui se rattache aux Puranas et aux poèmes épiques pour donner naissance à l'Hindouisme.

HINAYANA.

La tradition philosophique buddhique étant de compréhension difficile, n'est accessible qu'à une minorité. On la désigne sous le nom de *Hinayana,* petit vaisseau de salut, tandis que la tradition populaire est le grand vaisseau, le *Mahayana.*

Littérature sacrée.
Résumé de la philosophie buddhique.

Si l'on veut se faire une idée d'ensemble de la littérature sacrée du buddhisme, on doit se représenter tout d'abord l'ensemble des Sutras dictés par le Maître à ses disciples et écrits en sanscrit.

PREMIER CONCILE
544 AVANT J.-C.

Ces traités furent rassemblés, revus et adoptés définitivement, comme livres sacrés, par l'assemblée des cinq cents moines buddhistes qui se réunirent en concile à Rajagriha, immédiatement après la mort de Çakya-Muni (544 avant J.-C.).

Ce concile eut pour chef Kacyapa, qui répartit entre trois disciples la tâche de mettre en ordre les livres saints.

Ce fut lui-même qui rédigea l'*Abhidharma-Pitaka*.

Ananda compila les Sutras dictés par le Maître à ses disciples (*Sutra Pitaka*).

Upali mit en ordre le recueil des ordonnances et des disciplines religieuses (*Vinaya Pitaka*).

L'ensemble forme le Buddha Dharma primitif et représente le Hinayana, ou petit vaisseau de salut.

DEUXIÈME CONCILE.

Un deuxième concile fut réuni une vingtaine d'années après le premier, afin de combattre l'hérésie qui commençait à naître.

TROISIÈME CONCILE.
244 AVANT J.-C.

Une troisième rédaction eut lieu trois cents ans environ après la mort du Buddha, au temps de l'empereur Asoka (244 environ avant J.-C.). Mille sept cents Arhats se réunirent pour rédiger à nouveau les livres sacrés et y ajouter des commentaires, développant les Sutras pour les mettre plus à la portée des adeptes. Ils construisirent ainsi le Mahayana, le grand vaisseau de salut.

QUATRIÈME CONCILE.

Enfin, un quatrième concile eut lieu environ cinq cents ans après la mort de Çakya-Muni, au temps de Kanichka, un roi buddhiste du Nord de l'Inde (*Kaschmyr*).

Cette assemblée compila pour la quatrième fois les écritures buddhistes qui, à cette époque, commençaient à être déjà fortement altérées par des traditions étrangères mélangées au buddhisme primitif, ce qui, au cours des temps, ne fit que s'accentuer. Il est presque hors de doute qu'on ne possède maintenant que des traités ayant subi des altérations. Ils ne sont, pour la plupart, que les remaniements, provenant du quatrième concile, et non les originaux compilés directement par les propres disciples du Buddha.

On peut donc trouver trois formes du buddhisme :

BUDDHISME PRIMITIF, HINAYANA.
MAHAYANA.
BUDDHISME TANTRIQUE.

1° Buddhisme primitif, celui des Sutras légués par Çakya-Muni.

2° Buddhisme des Sutras développés.

3° Buddhisme des tantras mélangé de culte shivaïte.

LES DIVERSES SECTES.

En dehors de ces trois traditions, on observe une grande divergence entre les diverses sectes qui s'étaient formées peu à peu.

Au temps du 3ᵉ Concile, on en comptait déjà dix-huit, que l'on réunissait en quatre groupes principaux, qui devinrent quatre écoles distinctes.

Puis, à la suite des persécutions brahmaniques, se forma bientôt une scission entre les groupes du Nord, ceux de l'Himalaya, et ceux du Sud, ou de Ceylan.

Ces divergences n'empêchent pas les différentes écoles de reconnaître comme base fondamentale du buddhisme les principes adoptés par le premier Concile, et qui sont :

PRINCIPES FONDAMENTAUX.

1° La Loi est le corps visible du Buddha.

2° Gautama Siddharta est la forme visible de la vérité. En cette qualité, il est partout présent et éternel, ineffable dans sa sainteté.

3° Les Lois (ou Dharma) sont souvent temporaires, adaptées aux circonstances et nécessitées par les événements.

4° La Vérité est éternelle, elle est le Buddha, le Maître, l'Instructeur, le Seigneur.

5° Il y a trois personnes dans le Buddha :

1° Dharma Kaya, corps de la loi ;

2° Sambhoga Kaya, corps de la félicité ;

3° Nirmana Kaya, corps de l'amour spirituel.

6° Le Buddha est le Maître qui chérit tous les hommes, prenant la forme de ceux qu'Il instruit. C'est le Nirmana Kaya.

7° Le Buddha est la Vérité éternelle, immuable. Ceci est le Sambhoga Kaya.

8° Le Buddha est le dispensateur de toute religion, l'esprit du Sangha, et le sens des commandements qu'Il a laissés dans le Dharma. Dharma Kaya est le corps de la Loi.

9° Pendant l'évolution cosmique, la Vérité brillait, mais nul ne pouvait la percevoir.

10° Pendant l'évolution des formes, la sensation apparut, les passions naquirent, le moi prit conscience du non-moi, mais la Vérité était encore inconnue.

11° Avec l'apparition de l'homme, la raison guida l'instinct et dirigea les forces des éléments.

12° La raison est la balance inclinant vers le bien comme vers le mal. Le fléau de la balance est la Vérité. La Justice y réside, accompagnée de l'Amour.

13° C'est dans l'âme, souhaitant la Justice et l'Amour universel, que la Vérité se révélera pour le bonheur de l'homme libéré. (Ceci est la voie, la vérité, la vie, dans le buddhisme comme dans le christianisme.)

14° On trouve la vérité par la voie à huit chemins de la justice (le noble octuple sentier).

15° La vérité est une et identique dans tous les temps et dans tous les lieux. Elle est l'essence de la vie, car elle continuera d'être quand les mondes auront disparu.

16° Tous les Buddhas enseignent la même vérité. Ils ont tous une seule et même essence, qui est l'esprit partout présent, chez tous les êtres, au-dessus de toutes les formes, et par lequel est établie la communion des saints de toutes les Eglises et de toutes les croyances.

Ceux qui ont foi en l'Esprit trouvent en Lui le Refuge suprême d'où l'on ne revient pas.

Ces principes fondamentaux sont d'une élévation remarquable. Il faut noter dans les premiers principes posés, l'assimilation faite entre la Loi et le Buddha qui, l'ayant réalisée en Lui, est devenu Un avec Elle.

La Loi est l'expression de la Vérité, sa manifestation.. C'est par l'accomplissement de la Loi qu'on trouve la Vérité, et la Vérité est la réalité absolue, au delà des modifications dues aux éléments matériels. Ce qui est immuable est l'essence éternelle, la Vie, source unique de toutes les existences séparées, illusoires.

Celui qui suit la Loi (la voie) est dans la Vérité et participe de la Vie éternelle. Les trois termes sont inséparables.

Au-dessous de la loi — expression de la Vie cosmique — existe le Dharma approprié aux circonstances, c'est-à-dire relatif puisque soumis au temps et à l'espace. C'est la loi de causalité réglant le destin des êtres vivants. Le Buddha assimilé à la Vérité est l'Instructeur, éternel, comme la Vérité elle-même.

Le Buddha possède les trois Robes représentant les trois plus hauts grades d'initiation et formant une trinité :

1° Nirvâna Kaya est l'amour actif, correspondant au

Saint-Esprit opérant dans l'Homme l'union transformante par les sept dons vivificateurs (1);

2° Sambhogakaya est la Vérité éternelle, la Lumière, le Fils en qui toutes les créatures ont la Vie, c'est-à-dire la félicité;

3° Dharma Kaya est le corps de la Loi, règle et principe de l'Univers, ce par quoi s'exprime la Vie universelle, le Père. La Loi cosmique est représentée par la Loi religieuse reliant tous les êtres dans l'Esprit du Sangha, qui est la communion des saints entre eux pour leur permettre de former une Unité spirituelle, cette unité participant à son tour de l'Unité cosmique.

Le Sangha est l'équivalent du corps du Christ représenté par l'Eglise chrétienne.

Le principe n° 9 prend la création sous son aspect d'éléments, ou Bhutas. Il s'agit là de la création inorganique.

Le principe n° 10 concerne l'évolution des formes animées, c'est-à-dire le monde sensitif.

Le n° 11 traite de l'évolution humaine proprement dite, caractérisée par l'intelligence et la raison.

Le n° 12 pose la Raison comme base du libre arbitre, l'Homme pouvant, en effet, de par le raisonnement, être amené à faire le bien comme le mal. Si son jugement est faux, il agira mal. Et le jugement est toujours faussé quand l'action est mauvaise, car l'Homme croit agir pour son propre bien, en quoi il se trompe. Jamais une action répréhensible n'est commise sans que son auteur n'ait pensé en retirer un avantage. Qu'il se soit laissé emporter par la passion, ou dupé lui-même par des raisons captieuses, il n'en demeure pas moins persuadé qu'il a eu raison d'agir ainsi. Une fois l'entraînement passionnel disparu, ou l'obscurcissement du raisonnement faux dissipé, il peut revenir à une plus saine appréciation des choses. Mais l'action commise l'a été parce que l'Homme a cru y trouver un bien personnel. La Vérité est le fléau de la balance qui ne peut jamais être faussé; les plateaux seuls s'inclinent selon que l'Amour ou la Justice sont mis en pratique. A ce propos, on peut remarquer que la ligne centrale — le fléau — ou la Vérité, correspond au fil d'Aïn-Souph de la Kabbale dans le tableau des Sephiroth, tandis que les deux plateaux répondent par deux lignes d'expansion et de concentration: à l'Amour ou Chocmach, à la Justice, Binah, ou la rigueur; le premier force centrifuge, le second force centripète, toutes deux s'équilibrant dans la Vérité, qui est la Vie et la Lumière : Kether, la Couronne.

---

(1) Les sept dons du Saint-Esprit sont : la crainte, la piété, la science, la force, le conseil, l'intelligence, la sagesse.

Le n° 13 fait l'application dans l'âme humaine des trois principes métaphysiques : la Voie, la Vérité, la Vie, dont l'ensemble est représenté par les trois sephiroth de la Splendeur, qui sont, pour l'ésotérisme hébraïque, l'équivalent de la Trinité Chrétienne. Père, Fils et Saint-Esprit, et aussi de la Trinité Hindoue : Shiva, Vishnou, Brahma. Les philosophies de l'Inde présentent cette même trinité sous la forme de Ichchha, la volonté, Jnâna, la connaissance, Kriyâ, l'activité, aspects psychologiques ayant pour correspondants les trois attributs ou tendances de la matière (1): Tamas, l'inertie, Sattva, le rythme, Rajâs, l'activité. Tant il est exact que la grande Vérité, celle qui est universelle, peut être présentée sous des formes différentes. En réalité, elle est toujours et partout identique à elle-même, existant derrière tous les symboles.

Le n° 14 indique la méthode à suivre pour trouver la Vérité : elle repose sur la pratique de la véracité observée dans tous les actes de l'existence. En vivant selon la droiture, l'Homme réalise en lui la Vérité.

Le n° 15 proclame l'Unité de la Vérité, qui est l'essence de la Vie. Toutes les modifications matérielles, représentées par l'apparition et la disparition des mondes, ne sont que les jeux de la Maya. Seule la Vérité, qui est l'Esprit immuable, inaltéré, sans naissance et sans fin, demeure éternellement.

N° 16. Les Buddhas, c'est-à-dire les hommes illuminés par la Sagesse de la lumière éternelle, Amitâbha Buddha, enseignent tous la même Vérité, cela forcément, puisque la suprême Illumination est l'Union, la connaissance de l'Unique Vérité. L'Esprit est partout présent, chez tous les Etres, qui participent de cette vie universelle à des degrés différents selon la perfection relative de leur type. C'est par l'Esprit existant, au delà des formes, qu'est établie la communion des saints de toutes les Eglises, formant ensemble le corps spirituel de l'Humanité.

C'est la Foi en l'Esprit universel qui conduit à la libération, car ce que l'Homme pense, il le devient. S'il abandonne l'Homme de chair, cesse de le reconnaître comme étant lui-même, il se délivre de l'étreinte de la personnalité inférieure. Aspirant à une destinée plus haute, il parvient à réaliser en lui la Vie de l'Esprit. Il fait désormais partie de la communion des saints et arrive au port de Salut, là où les automatismes provenant du passé cessent d'agir, là où le Karma est épuisé, là où la vie rayonne sans entrave, libre de tous les liens qui l'emprisonnaient. Il est devenu le Nirvâni. On ne peut s'empêcher d'admirer la beauté de cette courte synthèse des croyants du Buddhisme. Empreinte de la paix sereine dont toute cette philosophie est

____

(1) Les Gunas.

imprégnée, elle est, de plus, marquée du sceau de la plus large tolérance. Dépassant le cadre d'une religion particulière, elle devient universelle. Basée sur le culte de la Vérité, elle est une avec cette vérité à laquelle les diverses religions sont forcément rattachées, puisque la Voie, la Vérité, la Vie sont une seule et même chose, dont elles sont toutes participantes. Sous leurs formes différentes, appropriées aux diverses races humaines, toutes brillent de la même lumière, celle d'Amitâbha Buddha, celle du Verbe, car il n'y a qu'un seul Esprit, qu'une seule Vérité : la Vie universelle, attribut du Dieu unique, que toutes révèrent sous des noms différents. On doit noter cependant que c'est aux trois religions monothéistes de la Race blanche qu'était réservé le privilège de dégager des abstractions philosophiques et des formes polythéistes « la notion claire du Dieu Un ». L'âme humaine, faite à l'image et à la ressemblance de Dieu, peut réfléchir cette Unité divine qui lui devient intelligible. Cette connaissance satisfait, à la fois, le cœur et l'intelligence de l'Homme, car elle rétablit l'Harmonie entre les deux principes auparavant en opposition :

1° L'esprit philosophique basé sur la seule raison;

2° Le sentiment religieux appuyé sur l'amour dénué de connaissance (1).

Le mysticisme peut donner à l'âme des joies sensibles (les plus hauts états extatiques sont, en effet, une jouissance). Mais l'Homme est ainsi fait qu'il lui est nécessaire de connaître par l'intelligence le bonheur dont il jouit. C'est par cette connaissance reliant l'Ame à l'objet de sa délectation que l'Homme arrive à reproduire en lui-même les trois attributs de l'Unique, à la fois Vie, Intelligence, Amour. Cet état d'Union surnaturelle, donnant la connaissance de Dieu, du moins autant que la nature humaine le comporte, n'a pu être atteint par les méthodes orientales basées sur l'intellect, car pour elles l'amour est un moyen, non un but. Elles peuvent mener à un Nirvâna intellectuel, mais ne permettent pas l'entrée dans le vrai monde de la Vie. C'est pourquoi l'impression de sérénité paisible que donne l'étude du Buddhisme est mêlée de froideur, même d'égoïsme. L'Homme cherche son salut personnel par le détachement des liens et le repliement sur le Soi spirituel. Il ignore le rayonnement de l'Amour qui se sacrifie pour donner aux autres, mais qui, par cela même (2), grandit jusqu'à participer de l'Infini.

(1) Voir « *Essai sur les trois activités humaines* », de V. Reynaud, chap. I-II.

(2) Le sacrifice (ou voie de l'Amour), est accompli par le Buddha de compassion renonçant au Nirvâna absolu. Le Pratyeka Buddha jouit du Nirvâna, mais refuse de sacrifier sa Paix au bonheur de l'Humanité. Le premier représente la doctrine du cœur, l'autre celle de l'œil, ou du mental.

CHAPITRE IV

CHAPITRE IV

Les quatre grandes écoles.

Les catégories

LES QUATRE ÉCOLES.

On doit maintenant étudier quelles sont les opinions philosophiques communes à tout le buddhisme et les divergences qui séparent les quatre écoles existant après la réunion du quatrième concile.

CLASSIFICATION DE HODGSON.

Note d'après Hodgson :

« Le buddhisme philosophique comprend quatre systèmes relatifs à l'origine du monde, à la nature de la Cause première, à la destinée de l'âme. Ces quatre systèmes sont nommés :

« 1° *Swabhavika* ou *Madhyamika.*
« 2° *Airs'varika* ou *Yogatchara*
« 3° *Yatnika* ou *Vaibhâchika.*
« 4° *Karmika* ou *Sautrantika.*

« Les buddhistes, souvent considérés comme athées, sont alors appelés nâstikas, nieurs d'un autre monde. »

PREMIÈRE ÉCOLE MADHYAMIKA

Classification de Colebrooke.

D'après la classification de Colebrooke, la première école ou Madhyamika, nie la réalité des choses. Pour elle, tout est vide, à l'état de vacuité, non plein (*Sounyata*) ou, selon la formule sanscrite :

Abhâva, svâbhâva, soûnyatâ (vide sans nature de sa propre nature).

Doit-on entendre par cela le néant, c'est peu probable, car alors, il faudrait admettre que c'est ce même néant qui produit l'univers !... Le grand quelque chose proviendrait du grand rien, ce qui est absurde. Il faut plutôt entendre par cette phrase, non la négation de tous les modes d'être, mais seulement de tout attribut matériel, c'est-à-dire l'incorporéité, l'immatérialité (1).

DEUXIÈME ÉCOLE YOGATCHARA

La deuxième école (*Yogatchara*) accepte la sensation interne, ou intelligence, ce qui perçoit (*vidjnâna*). Elle maintient l'existence éternelle du sens qui donne la conscience des choses. C'est la secte des Yogatcharas.

TROISIÈME ÉCOLE VAIBHACHIKA
(Perception immédiate.)

La troisième école (*Vaibhachika*) affirme l'existence réelle des objets extérieurs autant que celle des sensations internes. Elle considère les objets externes comme étant perçus par les sens, les sensations internes comme induites par le raisonnement.

Cette école se divise en deux groupes, l'un reconnaissant la perception immédiate des objets extérieurs, l'autre la conception médiate de ces objets par le moyen d'images, ou formes ressemblantes, présentées à l'intellect. Les objets sont induits, non perçus immédiatement.

QUATRIÈME ÉCOLE SAUTRANTIKA
(Perception médiate.)

Ces deux sectes portent les noms de Vaibhâchika et Sautrântika. Ces écoles sont antérieures à Shri Sankara-Atcharya, qui les cite expressément.

Elles correspondent à peu près à la classification de Hodgson.

PRINCIPES ADMIS PAR LES SECTES
VAIBHACHIKA ET SAUTRANTIKA

____

(1) Ces deux termes considérés seulement comme représentant les états hyperphysiques échappant aux perceptions sensorielles et non comme des négations absolues.

PREMIÈRE CLASSE.
OBJETS EXTERNES. BAHYA.

L'existence des objets extérieurs est admise. Ils sont nommés bahyas et proviennent des éléments (*bhutas*).

Ce qui appartient à ces objets, en tant qu'organes et qualités sensibles, porte le nom de Bhautika.

DEUXIÈME CLASSE.
OBJETS INTERNES. ABHYANTARA.

Les objets internes ont également une existence. Appelés Abhyantaras, ils comprennent l'intelligence (*Chitta*) et ce qui en dépend (*Chaîtta*).

PREMIÈRE CATÉGORIE. PREMIÈRE CLASSE.
LES ÉLÉMENTS (BHUTAS)
PRÉDICAMENTS.

Les éléments (*Bhûtas*), ou Mahabhutas, sont au nombre de quatre : terre, eau, feu, air.

L'existence de l'éther n'est pas reconnue par les buddhistes.

Contrairement au système de Kanada (philosophie hindoue *vaysheshika*), il n'est pas fait mention de l'existence d'atomes binaires, ternaires, quaternaires, comme gradation de composition des éléments, mais il est enseigné que les substances composées sont formées d'atomes primordiaux agrégés.

La terre représente la dureté.

L'eau représente la fluidité.

Le feu représente la chaleur.

L'air représente la mobilité.

Les atomes terreux sont durs et possèdent les caractères de l'odeur, de la saveur, de la couleur, de la tactilité.

Les atomes aqueux sont liquides, ont les caractères de la saveur, de la couleur, de la tactilité.

Les atomes ignés sont chauds, ont les caractères de la couleur et de la tactilité.

Les atomes aériens sont mobiles et correspondent à la tactilité.

Les corps, qui sont les objets des sens, sont des agrégats d'atomes, car ils sont composés de la terre et des autres éléments.

Les buddhistes ne reconnaissent pas une âme (être individuel vivant, *Jivâ* ou *Atman*) distincte de l'intelligence, ou phénomène de la pensée.

L'intelligence qui habite dans le corps possède la conscience individuelle, conçoit ou perçoit les objets. Elle subsiste comme elle-même. A ce point de vue, elle est soi-même, ou âme, Atman.

Atman signifie à la fois le pronom soi-même, ce qui exprime la conscience de son individualité, aussi l'âme, qui est cette conscience personnifiée, et qui seule la possède. (Le mot âme vient d'Atman, ainsi que Amen.)

PREMIÈRE CATÉGORIE. DEUXIÈME CLASSE. BHAUTIKAS.

La première catégorie ou prédicament est donc celle des éléments. Ce qui leur appartient forme la seconde catégorie (*Bhautika*) :

Ce sont les organes des sens et leurs objets, ce avec quoi ils sont en rapport.

Ces objets sont les corps composés d'atomes. Tout ce qui consiste en parties composantes ou assimilées est une agrégation atomique.

Ces corps sont extérieurs et perçus par les sens, qui sont eux-mêmes des composés atomiques.

Les corps sont perçus par les sens différemment, selon les théories des deux écoles qui admettent l'existence des objets extérieurs.

Les Vaybhâchikas reconnaissent la perception directe des objets extérieurs, les sens en prenant immédiatement connaissance.

Pour les Sautrantikas, les images, ou représentations d'objets extérieurs, sont produites et c'est seulement par la perception de ces images que les objets sont conçus et appréhendés.

Cette théorie est en rapport assez direct avec les enseignements de la Théosophie moderne, qui enseigne que la conscience ne perçoit pas directement les objets extérieurs, mais que le mental reproduit en lui-même, sous une forme unique, les perceptions obtenues par les sens. Cette image centralisant les cinq perceptions est la reproduction de l'objet extérieur, qui peut alors être perçu par la conscience. Par exemple, si on se trouve placé de telle façon qu'il soit impossible de voir un objet extérieur, lequel est réfléchi dans une glace, si on se place dans un rayon tel que l'on puisse voir cette réflexion dans la glace, on prendra connaissance de cet objet aussi nettement que si on pouvait le voir directement. Et cependant il est complètement hors de portée de la vue.

Le mental remplit l'office de miroir avec, toutefois, cette différence qu'au lieu de reproduire sur une surface plane à deux dimensions, il reproduit l'objet sous trois dimensions, dans l'espace mental. De plus, centralisant les cinq sens, il permet à la conscience de prendre connaissance de l'objet avec toutes les qualités qu'il peut posséder se rapportant à la vue, l'ouïe, le toucher, le goût, l'odorat.

C'est pourquoi le Mental est appelé le Raja des sens.

On voit donc que les enseignements buddhiques ont été fidèlement adaptés à la Théosophie moderne.

Du reste, cette question de la perception immédiate ou médiate des objets a, de tout temps, été étudiée en Europe par les diverses écoles philosophiques et par les théologiens qui, selon leurs tendances, ont adopté l'une ou l'autre des deux solutions présentées. Il en est de même, quant à la proposition buddhiste qu'il n'existe pas d'âme distincte de l'intelligence, ou phénomène de la pensée.

La scolastique a posé le problème en ces termes :

L'âme est-elle distincte de ses facultés?

A cette question, saint Bonaventure a répondu que non, tandis que saint Thomas a enseigné le contraire.

Naturellement, les deux écoles théologiques représentées par ces deux docteurs de l'Eglise ont suivi, chacune pour sa part, l'enseignement du Maître qu'elle avait adopté. Les discussions orientales sur l'étude psychologique de l'être humain ont donc été poursuivies en Europe, presque dans les mêmes termes que ceux employés par les disciples de Çakya-Muni.

RÉALITÉ PASSAGÈRE DES OBJETS.

On a vu par ce qui précède, que deux écoles sur quatre admettent l'existence d'objets extérieurs, et la possibilité pour la conscience de les percevoir.

Cependant, ces sectes pensent que les objets n'ont pas d'existence permanente. Ils cessent d'exister dès qu'ils cessent d'être perçus. Ils ne durent pas plus longtemps que la perception qui les fait connaître.

Leur identité est passagère; les atomes ou parties constituantes, sont dispersés dès que la perception cesse, leur agrégation était seulement instantanée.

Cette opinion sépare les buddhistes des sectateurs de l'Ecole orthodoxe de Kanada; car, celle-ci reconnaît certaines catégories comme étant éternelles et invariables, tandis que les autres sont transitoires et changent d'une manière indéfinie.

Prétendant que l'identité des corps cesse avec chaque variation dans leur composition, car la constitution corporelle assimile et élimine, il y a donc changement, néanmoins, une certaine identité demeure.

Pour les buddhistes, il y a désintégration instantanée.

C'est pourquoi ils sont désignés par les hindous orthodoxes comme soutenant la périssabilité de toutes choses (*Pourna* ou *Sarva, vaïnasika*), tandis que les disciples de Kanada admettent seulement une demi-périssabilité, ou demi-dissolution.

DEUXIÈME CATÉGORIE. PREMIÈRE CLASSE. CHITTA.

Les objets internes comprennent l'Intelligence et ce qui en dérive. Ces facultés internes sont divisées en cinq catégories, les cinq Skandhas.

DEUXIÈME CLASSE. CHAITTA. RUPA SKANDHA.

1° *Rupa Skandha,* branche ou division des formes.

Elle comprend les organes des sens et leurs objets.

Considérées quant à leurs qualités sensibles — odeur, goût, couleur, tactilité, sonorité — les choses appartiennent à la seconde division de la première classe (*Bhautika*). Mais, si on les considère comme objets de la sensation et de la connaissance, ils sont regardés comme internes, car ils sont considérés alors sous le rapport qu'ils ont avec la personne, selon l'aspect sensible et intelligent possédé par eux.

> Les Bhutas (1re division de la 1re classe) avec leur aspect interne (*Bhautika*), correspondent à ce que dans la philosophie hindoue on nomme Tattva et Tanmatra.
>
> Le tanmatra, ou rudiment subtil, répond à l'aspect interne (conscience), le tattva à l'aspect externe (forme). Pour faire comprendre les idées des orientaux concernant le tanmatra et tattva, le meilleur exemple à prendre est celui des cristaux.
>
> La ligne de force imaginaire appelée axe de croissance correspond au tanmatra, les formations cristalloïdes répondent au tattva.

2° *VIJNANA SKANDHA.*

2° *Vijnâna Skandha,* division de la cognition.

Elle consiste dans l'intelligence (*Chitta*), qui est identique avec soi-même (*Atman*) et avec la connaissance (*Vijnâna*).

C'est la conscience de la sensation résultant de la cognition et du sentiment, suivant un cours continu. Il s'agit là d'une succession de pensée associée à une conscience individuelle résidant dans un corps.

Il n'y a pas d'être spirituel indépendant, ayant une existence particulière. Il n'y a pas d'être agissant et jouissant personnellement. Le sentiment que l'on a d'être soi-même provient simplement de la pensée associée avec le corps.

On pourrait presque dire que l'intelligence serait le résultat de l'organisme matériel, grâce auquel la connaissance est obtenue. S'il disparaît, la cognition ne peut exister, non plus que le sentiment de cette cognition.

Comme l'intelligence est identique avec la connaissance et avec soi-même, rigoureusement, on doit conclure qu'elle cesse d'exister, car elle n'a plus de raison d'être.

C'est pourquoi les buddhistes ne reconnaissent pas l'existence d'une âme éternelle, mais n'admettent qu'une succession de pensée accompagnant la conscience individuelle, provenant d'un corps.

On est ici très près des systèmes matérialistes contemporains, et on comprend pourquoi les buddhistes sont considérés comme de terribles nieurs de toute réalité, car leur philosophie repose essentiellement sur le vide.

3° *VIDANA SKANDHA.*

3° *Vidâna Skandha*, la division des impressions.

Cette division comprend le plaisir, la peine, l'absence de l'un ou de l'autre, et les divers sentiments provoqués par les objets agréables ou désagréables.

4° *SANDJNA SKANDHA.*

4° *Sandjnâ Skandha*, division des jugements formés.

Ce Skandha désigne la connaissance, ou la croyance, amenée par les noms ou mots, ou encore par des signes symboliques.

5° *SAMSKARA SKANDHA.*

5° *Samskara Skandha*, division des tendances ou actions.

Ce Skandha renferme ce qui tient aux passions, en même temps que l'illusion, la vertu, le vice. En somme, toutes les modifications de la pensée et de l'imagination.

Si on analyse ces cinq Sandhas, on trouve que le deuxième Skandha, le Vijnâna, répond à la première division de la seconde classe générale, c'est-à-dire à Chîtta, l'Intelligence.

Les quatre autres composent la deuxième division de

cette classe, ou second chef, comprenant ce qui dépend de l'Intelligence (*Chaittika*), ce qui appartient à Soi-même (*Atman*).

Ces dépendances de l'Intelligence sont désignées sous le terme d'*Adhyatmika*, que l'on peut considérer aussi dans son sens le plus complet, comme l'ensemble des cinq Skandhas, ou tendances morales personnelles.

> Comme cela a déjà été indiqué selon les écoles et les commentateurs, les termes Samskaras et Skandhas ne sont pas toujours pris exactement dans le même sens. Dans cette dernière liste, on voit le cinquième Skandha porter le nom de Samskara. Du reste, les définitions sont aussi variées que les termes ont d'affectations différentes. C'est malheureusement une cause d'obscurité et de confusion. On doit, en étudiant le Buddhisme, chercher à préciser dans quel sens exact le mot est pris dans un passage spécial, sans s'occuper du sens qu'il pourra prendre dans une autre phrase.

ENCHAINEMENT DES CAUSES ET DES EFFETS.

Pour les buddhistes, la succession externe et interne, physique et morale, des événements, est un enchaînement de causes et d'effets dans un cercle continuel. Le cours est apparent, non réel, l'effet existant dans la cause, et n'en pouvant être détaché.

Quant au rapport de la cause et de l'effet, une distinction est établie entre la cause prochaine (*hétou*) et la cause concomitante (*pratyaya*).

Ces distinctions existent dans les deux classes d'objets externes et internes.

CAUSE DIRECTE. HÉTOU.

Ici, on touche un point très délicat du buddhisme, puisque l'on va trouver dans un raisonnement suivi rigoureusement, la proposition qui aboutit à l'athéisme complet :

De la semence naît le germe;
Du germe la tige;

De la tige un rejeton;
Du rejeton un bourgeon;
Du bourgeon une fleur;
D'une fleur un fruit.

La semence existant, le reste s'ensuit fatalement.

Cependant, la semence ne sait pas qu'elle produit le germe, pas plus que le germe ne sait qu'il provient de la semence.

Une Providence régulatrice n'est donc pas nécessaire.

Ceci se rapporte à la cause directe.

CAUSES CONCOMITANTES.
(PRATYAYA).

Quant aux causes occasionnelles, elles n'ont pas conscience de leur action.

La terre fournit la solidité à la semence et la cohésion au germe.

L'eau humecte le grain.

Le feu l'échauffe et le mûrit.

L'air, ou le vent, donne le mouvement à la végétation.

Toutes ces choses concourent à faire accroître la plante, mais aucune n'a conscience de son action.

> On trouve ici la négation de Dieu, en tant que cause consciente de l'Univers, qui est présenté comme issu d'un germe se développant selon la Loi de son être, sans action créatrice, ni directrice. Mais alors, d'où vient le germe?... De l'Inconnaissable, dont on n'a pas à s'occuper. Car le Buddha se refusa toujours à élucider la question de la Cause Première, aussi bien qu'il laissa de côté les causes finales. (*Eschatologie.*)

CATÉGORIES BUDDHIQUES.

Revenant maintenant à l'analyse des théories du Buddhisme, on rappelle que la cause prochaine (*Hétou*) et les causes concomitantes (*Pratyaya*) n'ont pas conscience de leur action.

De même, dans le monde moral, là où résident l'ignorance et l'erreur, là réside la passion.

Où il n'y a pas d'erreur, il n'y a pas de passion.

Cependant, l'un et l'autre n'ont pas conscience de leur relation mutuelle. C'est le sentiment qui donne l'impulsion corporelle et l'excitation mentale qui sont suivies par l'erreur, la passion, etc., c'est-à-dire l'enchaînement des causes ou les douze Nidânas.

Dans la nomenclature buddhique, on trouve Hétou et Pratyaya dans une nomenclature renfermant seize propositions :

1° *Doukham*, la douleur.
2° *Anyatam*, le périssable.
3° *Sounyata*, le vide.
4° *Anatmakam*, le non-moi.

Ceci représente les quatre axiomes ou les quatre vérités.

Viennent ensuite les douze causes :

1° *Hétou*, cause immédiate.
2° *Samuttama*, naissance collective.
3° *Prabhava*, la substance vitale.
4° *Pratyaya*, l'occasion concurrente.
5° *Nirodha*, l'extinction finale.
6° *Anta*, l'épuisement final.
7° *Pranîta*, l'excellent, le merveilleux.
8° *Niparana*, la séparativité.
9° *Marga*, la voie, le chemin.
10° *Nyaya*, la rectitude.
11° *Pratipatti*, le vestige.
12° *Nêtyanika*, le mauvais chemin.

Si on étudie les douze causes, on trouve sous d'autres noms la série suivante :

1° *Avidyâ*. Erreur, la méprise qui fait supposer durable ce qui est périssable.
2° *Samskara*. De l'erreur vient la passion, le désir, l'aversion, l'illusion.
3° *Vidjnana*. Les désirs unis dans l'embryon avec les apports du père et de la mère. Il en résulte la conscience commençante du moi.

4° *Nama Rupa*. De cette conscience commençante, associée avec la semence paternelle, provient le rudiment élémentaire du corps, sa chair, son sang, son nom (*Naman*), sa forme (*Rupa*).

De là apparaissent les racines des six organes sensoriels (*Chad-anyatana*).

Les cinq racines des organes des sens se rapportent au second prédicament de la première catégorie, celle des Bhautikas, c'est-à-dire les qualités sensibles des éléments.

Les cinq racines sont :

1° *Tchakchour. Indryam*, sens de la vue.
2° *Srotendryam*, sens de l'ouïe.
3° *Grahnendryam*, sens de l'odorat.
4° *Djivendryam*, sens du goût.
5° *Kayendryam*, sens du tact.

Viennent ensuite les cinq relations qui suivent :

1° *Rupa*, forme.
2° *Sabdha*, son.
3° *Kandha*, odeur.
4° *Rasa*, goût.
5° *Sprastavyam*, toucher.
5 *bis Sparsha*. De l'union des organes avec le nom et la forme résulte l'impression.
6° *Védana*. De l'impression vient la sensation.
7° *Trichna*. De la sensation naît l'aspiration ou soif.
8° *Upadana*. De la soif vient l'effort du corps et de la parole.
9° *Bhâva*. De l'effort naît la condition, mérite : *Dharma;* démérite : *Adharma*.
10° *Djâti*. De la condition vient la naissance ou l'agrégation des cinq Skandhas.
11° *Djâra*. La maturité de ces cinq modes d'être est la vieillesse.
12° *Marana*. Leur dissolution est la mort.
13° *Soka*. Le regret que cause une personne mourante est la douleur.

14° *Paridêvanâ*. Les gémissements sur la mort sont la lamentation.

15° *Douhkha* est la peine, ou souffrance corporelle.

16° *Dourmanasya*. La peine mentale est le trouble de l'âme.

Ce cycle se termine à la mort pour recommencer lors d'une autre existence. Ceci jusqu'à ce que l'homme soit libéré par la connaissance (*Vidyâ*).

Toutes ces matières forment la chaîne des causes et ont une existence réelle, mais une durée momentanée.

Outre cette chaîne des Nidânas, les buddhistes reconnaissent, sous la catégorie et le nom de nirupa (non réel) trois sujets ou topiques :

1° *Pratisankya-nirodha*, destruction volontaire et observable d'une chose existante.

2° *Apratisankya-nirodha*, l'annihilation.

3° *Akasha*, le vide ou l'espace, sans enveloppes ni limites circulaires, élément éthéré imaginaire (1).

De même que la philosophie *Vayseshikâ*, le buddhisme admet deux sortes de preuves :

1° Les signes manifestés ou prédicaments.

2° Le raisonnement ou le rapport des idées.

OBJECTIONS DES VÉDANTINS.

La grande objection des philosophes védantins contre la doctrine de Çakya-Muni est que les deux agrégats reconnus, l'un externe, l'autre interne, sont insensibles, leur union n'a pas plus de durée que l'éclair d'une pensée fugitive. Aucun être permanent n'est reconnu dirigeant cet agrégat et en jouissant.

Les objets sont momentanés ou contingents; ils ne peuvent donc être causes d'effets puisque chacun d'eux cesse d'exister avant que l'autre commence. N'étant pas contemporains, il n'y a pas de liaison de cause à effet entre eux.

____

(1) En tant que cinquième élément, l'Akasha n'est pas admis par les buddhistes.

Les Védantins soutiennent aussi l'existence de l'âme, qui n'est pas momentanée ou contingente.

Pour le prouver, ils allèguent la mémoire et le souvenir, dans lesquels il ne peut y avoir doute ni erreur, l'individu ayant parfaitement conscience qu'il est le même aujourd'hui qu'hier, se souvenant d'une chose qu'il a sentie la veille.

La persistance de la mémoire est le fil qui soutient l'existence permanente de l'entité, qui ne peut provenir d'une non-entité.

Un souvenir ne provient pas du néant que représenterait la destruction successive de tous les souvenirs ou états de conscience. Leur abolition ferait un être nouveau à chaque seconde, à chaque pensée nouvelle.

Les Védantins soutiennent également la fausseté de la non-existence des objets perçus. Ils sont appréhendés par les organes des sens, mais ne cessent pas d'être lorsque la perception cesse.

Ils soutiennent encore l'existence de l'Akasha, dont la réalité est induite par le son.

> Ces réfutations des écoles orthodoxes hindoues sont on ne peut plus logiques.
> Assurément un objet ne cesse pas d'exister parce qu'on ne le perçoit plus.
> On peut seulement soutenir que l'état des molécules dont il est composé étant dans un mouvement incessant, leurs vibrations sont différentes à chaque instant. Par conséquent, l'objet qu'on vient de voir tourbillonne différemment immédiatement après la perception. Mais cela, au point de vue de ses éléments constitutifs : atomes et molécules seulement, l'objet continuant d'exister en tant que forme spécialisée, placée dans l'espace, un autre objet ne pouvant être mis au même endroit sans le déplacer.
> Cependant, si l'on considère les modifications internes de l'objet, évidemment il n'est pas le même que celui perçu un moment auparavant.
> Ici, on touche au côté savant de la métaphysique buddhique, et on est obligé de s'incliner devant la connaissance des Sages qui ont pénétré si avant dans des lois inconnues de la Nature, que l'on commence seulement à pouvoir démontrer scientifiquement.

Mais, d'autre part, on trouve que ces théories ont grand besoin d'être expliquées, car elles sont loin d'être claires, si l'on s'en tient seulement à la lettre des enseignements.

Quant à la négation d'un être spirituel dirigeant et contrôlant les deux agrégats, c'est-à-dire les éléments et ce qui leur appartient (*Bhutas, Bhautikas*) et l'Intelligence et ce qui en dépend (*Chitta* et *Chaitta*), elle est, en effet, réfutée par la présence de la mémoire.

C'est le souvenir qui atteste la persistance d'un Moi demeurant inchangé, témoin permanent des modifications matérielles. D'ailleurs, cette persistance d'un centre de conscience n'est-elle pas attestée pour le Buddha Lui-même?

Car si le souvenir de toutes ses vies passées lui est revenu pendant la grande illumination, c'est qu'une mémoire permanente avait pu les enregistrer.

Cette base de l'être est le Soi inaltérable, centre de vie de l'Homme. Dans le Kosmos, c'est Dieu, le Logos, dont l'existence est admise par l'Ecole buddhiste du Nord, dont l'enseignement est plus spiritualiste que celui de l'Ecole du Sud, car elle reconnaît un principe abstrait, au-dessus de toute manifestation. Elle nomme ce principe : Amitabha Buddha ou encore Adi Budda. Il est l'équivalent du Parabrahm orthodoxe.

Sous le nom d'Avalokiteshwara, elle admet un principe actif correspondant à Ishwara, le Logos manifesté.

Enfin, dans le buddhisme thibétain on mentionne un aspect manifesté de la Divinité, Tchenresi, tenant un peu la place de Vishnou dans l'Inde, et ayant des Avatars, ou incarnations, lorsque le besoin se fait sentir sur la terre d'une intervention divine.

De plus, le buddhisme thibétain tolère le culte d'anciennes divinités locales dont les statues sont admises dans les temples.

En résumé, le buddhisme du Nord se rapproche donc plus que celui du Sud des philosophies de l'Inde et aussi du Christianisme.

Cette étude du buddhisme philosophique, appuyée sur la classification de Colebrooke, doit, pour être complète, faire état de la classification très détaillée donnée par M. B. H. Hodgson.

On y trouvera des rapports étroits avec la Théosophie moderne.

Classification de Hodgson.

Le buddhisme philosophique présente quatre systèmes relatifs à l'origine du monde, à la nature de la cause première, à la destinée de l'âme.

Ces quatre systèmes sont nommés :

1° *Swabhâvika*, négation de l'immatérialité.
2° *Ais'varika*, reconnaissance de l'immatérialité.
3° *Yatnika*, action intellectuelle consciente.
4° *Karmika*, action morale consciente.

ECOLE SWABHAVIKA.

Système Swabhavika.

Cette école nie l'existence immatérielle et reconnaît la matière comme seule substance existante.

Elle se manifeste selon deux modes : le *pravritti* et le *nirvritti*, c'est-à-dire par l'action, la concrétion, et par le repos, l'abstraction.

Le *Pravritti marga*, sentier de l'action, est celui où les modifications extérieures s'imposent à la conscience.

Le *Nirvritti marga*, sentier du repos, est représenté par le détachement de ces modifications.

La matière est éternelle en tant que masse. Elle possède l'activité et l'intelligence.

Les propriétés ou facultés de la matière ont comme état propre le repos, abstraction de toute chose visible (*nir* : négation, *vritti* : modification, tourbillon).

Dans l'état de nirvritti, ces facultés sont douées d'attributs de puissance illimitée. De telle sorte que si elles ne manquaient de conscience et de perfections morales on pourrait les considérer comme des dieux. Ceci est leur état propre et durable.

Quand elles sortent de ce repos pour passer dans l'état transitoire et accidentel d'activité, toutes les belles formes de la nature apparaissent spontanément, non par une création divine, non par le hasard, mais par la loi d'évolution du monde.

Ces formes cessent d'exister quand les facultés de la matière repassent de l'état d'activité (*Pravritti*) à celui de repos (*Nirvritti*).

La révolution de ces deux états est éternelle, de même

que l'existence et la destruction des formes palpables du monde.

La beauté des formes est une preuve de l'intelligence des puissances formatrices.

La perpétuelle succession des formes nouvelles atteste leur éternité.

Mais, ces facultés sont inhérentes à la matière et ne lui sont pas données par la puissance d'un être immatériel existant en dehors d'elle.

Les formes inanimées appartiennent exclusivement à l'état de Pravritti, elles sont périssables.

Les formes animées, de par leurs propres efforts, peuvent participer de l'état éternel de Nirvritti, le repos, le bonheur absolu, exempt de migrations dans des formes visibles, état appartenant à Pravritti.

Cependant, les hommes qui ont obtenu l'état de Nirvritti ne sont pas regardés comme dirigeant l'univers, qui évolue de par lui-même.

Ils ne sont pas davantage considérés comme des médiateurs ou juges du genre humain, car, pour les Swabhavikas, tout homme est l'arbitre de sa destinée.

Vivant dans l'état de Pravritti, il est soumis aux deux aspects de la nature : le bien et le mal, qui sont liés au bonheur et au malheur.

L'acquisition du Nirvâna est considérée comme étant la conséquence de l'agrandissement des facultés de l'homme.

Il devient alors capable de connaître ce qu'est l'état de repos absolu, non d'annihilation.

A moins qu'on ne prenne cet état de calme parfait pour le vide (*Sounyata*), l'absence de toute existence. Encore, dans cette hypothèse pourrait-on faire la même remarque que précédemment, et dire que ce vide équivaudrait à la plénitude absolue, sans limitation aucune.

Cet état de Nirvritti est obtenu par un entraînement particulier ayant pour base le Tapas (austérité) et le Dhyana (méditation). Le Tapas, macération austère, n'est pas pris sous le sens de pénitence, de souffrance que l'on s'impose, mais comme la répulsion des choses extérieures (*Pravriltika*). Le Dhyana représente l'abstraction mentale dans laquelle toute forme intérieure a disparu.

Les Swabhâvikas ne reconnaissent pas un désignateur, c'est-à-dire un être immatériel ayant conscience de soi-même, organisant la matière et donnant l'existence par un acte de sa volonté.

Ils admettent les lois de la nature et reconnaissent en elles les causes premières, non secondaires, car elles sont inhérentes à la matière et ne lui sont pas données par un créateur.

La création est spontanée, résultant des propriétés que la matière possède de toute éternité.

C'est de la puissance de la nature (*Swabhâva*) que découle toute causalité, animée ou inanimée. L'homme possède des facultés intellectuelles et morales, mais ces qualités ne lui viennent pas d'un Etre spirituel auquel elles seraient attribuées, comme on fait découler de Dieu tout ce qui apparaît dans le monde comme étant le beau, le bon, le vrai.

Cette école Swabhavika est peut-être la plus ancienne école de philosophie buddhique.

Depuis fort longtemps, elle s'est divisée en deux parties.

La Swabhavika proprement dite et la Prajnika Swabhavika, de Prajnâ, sagesse suprême de la nature.

Les Prajnikas ont une tendance marquée vers une sorte de théisme, car, leur système unifie les puissances de la nature, dans l'état de Nirvritti, et fait de cette unification une divinité: le Prajnâ (1), somme de toutes les puissances actives et intellectuelles de l'univers.

Le but suprême, pour l'homme, n'est plus une participation assez mal définie à l'état de Nirvritti, mais une absorption spécifique dans ce Prajnâ.

______

(1) Le Prajnâ des Prajnikas a une grande analogie avec le Gnân de la philosophie Adwaïta, de Shri Shankaracharya.

ÉCOLE AIS'VARIKA.

Système Ais'varika.

Les Ais'varikas vont encore plus loin et admettent une essence immatérielle sous le nom d'Adhi Buddha : le suprême et l'infini, que certains d'entre eux reconnaissent comme la seule divinité — cause de toutes choses — tandis que d'autres associent à ce principe intellectuel et spirituel un principe matériel éternel adéquat. Ils croient que toutes choses procèdent de l'action de ces deux principes.

Les Ais'varikas acceptent les deux modes des écoles Swabharikas et Prajnikas, c'est-à-dire Pravritti et Nirvritti.

Cependant, si cette secte adopte nettement la conception théiste, elle n'admet pas la providence et la domination du Dieu dont elle proclame l'existence.

Si Adhi-Buddha est vaguement considéré comme distributeur des bienfaits de Pravritti, et si Moksha (libération) est une absorption dans son essence, il est enseigné beaucoup plus nettement que l'homme peut gagner son illumination par ses propres efforts, c'est-à-dire en pratiquant Tapas et Dhyana.

Ces efforts sont capables d'agrandir à l'infini les facultés humaines, jusqu'au point de rendre l'homme digne d'être adoré, comme Buddha (le Sage, l'Illuminé).

Il est alors élevé à une participation complète des attributs et du bonheur, apanages du suprême Adhi-Buddha.

Comme tous les buddhistes, les Ais'varikas rapportent à Pravritti tout le côté formel de la religion. Ils condamnent le rituel et recherchent uniquement, par leurs efforts d'abstraction, l'extension indéfinie de leurs facultés.

C'est par cette extension qu'ils prétendent réaliser en eux-mêmes une divinité aussi complète qu'aucune autre — la seule divinité que certains d'entre eux veulent reconnaître — opinion que beaucoup d'ésotéristes orientaux professent.

SECTES KARMIKA ET YATNIKA.

Les sectes Karmika et Yatnika tirent leurs noms de Karma — la loi de causalité — qu'elles interprètent un peu différemment.

La secte Karmika entend par Karma une action morale qui a conscience d'elle-même.

Elle enseigne que le bonheur de l'homme doit être assuré en cultivant son sens moral.

La secte Yâtnika comprend par Karma une action intellectuelle qui a conscience d'elle-même.

La juste direction de son entendement assure la félicité de l'homme.

La première de ces deux sectes s'appuie sur le sentiment du devoir qui dirige l'action.

La seconde prend pour base le discernement intellectuel.

Toutes deux reconnaissent une distinction entre les facultés sensitives et pensantes. Elles étudient les phénomènes de la nature interne de l'homme et le croient doué de libre-arbitre.

Les Karmikas et les Yâtnikas admettent l'existence d'entités immatérielles. Elles corrigent l'impersonnalité et la quiescence de la Cause première en enseignant que le Karma et le Yatnia sont cette Cause elle-même.

Ils se rapprochent plus de la secte Ais'varika que de l'école Swabhavika.

On peut donc conclure que trois sur quatre de ces écoles tendent à reconnaître, plus ou moins formellement, l'existence de Dieu.

Ces trois écoles représentent particulièrement le buddhisme du Nord. Elles ont des disciples principalement au Népaul.

On peut faire des rapprochements entre leurs enseignements et ceux des quatre écoles étudiées par Colebrooke.

Résumé des quatre Écoles

Prenant une vue d'ensemble des quatre écoles, on doit d'abord remarquer que la classification de Colebrooke s'occupe principalement de l'aspect scientifique du buddhisme, tandis que celle de Hodgson envisage plus spécialement les tendances morales et religieuses de ces sectes.

Les catégories et classifications se rattachent aux philosophies orthodoxes de l'Inde, avec certaines modifications.

Les écoles matérialistes se rapprochent de la philosophie Sankhya, celles à tendances religieuses se relient vaguement au Védanta des deux premières écoles Dwaïta et Vishishtadwaïta (1).

La théorie du vide, si on la considère comme plénitude absolue, pourrait être rattachée à la philosophie Adwaïta. La non-existence des objets ou périssabilité est spéciale au buddhisme. La demi-périssabilité a été enseignée par les orthodoxes, qui n'ont jamais été aussi loin dans la voie de la négation que les sectateurs de Çakya-Muni.

Le système des deux catégories :

BHUTAS — BHAUTIKAS

CHITTA — CHAITTA

se différencie du Sankhya, qui indique vingt-quatre catégories provenant de Prakriti, et place vis-à-vis d'elles le Soi, ou Purusha. Ce qui est compréhensible puisque le buddhisme ne reconnaît pas un être individuel, séparé des facultés de l'intelligence.

Le Purusha, simple spectateur séduit par la Maya, n'existe pas chez les buddhistes, dont la philosophie n'est pas basée sur le dualisme.

L'enchaînement des causes et des effets aboutit, comme il a été dit, à l'athéisme complet.

(1) Pour les Prajnikas, à l'Adwaïta.

Cependant, malgré la rigidité du cadre philosophique, les tendances théistes deviennent de plus en plus nettes dans les deux dernières écoles.

Mais ce théisme peut porter plus justement le nom de panthéisme unitaire. Car la Divinité se détache difficilement du Kosmos. Elle n'est pas créatrice, ordonnatrice, elle n'intervient pas dans le gouvernement moral du monde, et semble plutôt une Entité abstraite qu'un Dieu Maître de l'Univers qui, du reste, évolue de lui-même, sans nécessité d'une intervention étrangère. Quant à l'homme, il n'a pas besoin de recourir à l'aide de cette Divinité métaphysique. C'est en lui qu'il doit trouver les moyens de parvenir à la Libération.

Cette libération lui réserve-t-elle une individualité consciente et agissante? Le Dieu des buddhistes est bien loin du monde, il est à craindre que le Nirvâni soit également dépourvu d'expansion active.

Le mieux qu'on puisse penser de cet état si peu défini est qu'il correspond à une contemplation intellectuelle, ou plutôt à une vie statique dont la base est l'Intelligence.

Mais l'intelligence s'exerçant sur quoi?...

On ne peut s'empêcher de trouver cet idéal très froid. L'arbre de la science du Bien et du Mal est assurément planté dans le Nirvâna, car c'est par la science qu'on y accède. La science et le détachement sont les bases du buddhisme, on regrette que l'Amour, qui est l'élément de Vie, n'y soit pas plus apparent.

La compassion est une vertu, de même la douceur, la bonté envers tous les êtres. Mais la charité, au sens chrétien, est vivante et, comme le dit justement saint Paul, sans elle, toutes les autres vertus ne sont rien.

L'arbre de vie n'ombrage pas le Nirvâna, car l'amour n'y rayonne pas extérieurement.

CHAPITRE V

CHAPITRE V

La Théorie du vide.

Les 8 abstractions, les états de vacuités

La théorie du vide est exposée dans la Sutra de l'Ecole Mahayana, appelé Prajna, Paramita, Hiridaya, ou cœur de la science transcendante.

Toute la doctrine métaphysique du buddhisme repose sur le Vide et l'irréalité des choses. C'est en cela que cette philosophie semble étrange à bien des esprits occidentaux, tout au moins si on l'étudie superficiellement. Car il est difficile de croire que le Buddha prêchait l'anéantissement intégral.

Ce Vide, dont il est tellement fait état, est le vide des choses matérielles, qui, toutes, doivent disparaître devant l'Esprit, qui ne peut être connu et appréhendé que lorsque l'homme est devenu esprit lui-même, lorsque toute représentation phénoménale a disparu pour lui.

Si on saisit ce qui est au delà des mots, on parvient à comprendre que l'état de vacuité parfaite est aussi la plénitude absolue, ce qui est plein par soi-même, toute limitation creusant un vide dans ce plein, devenant impossible.

De toute nécessité, il y a l'Espace, dans lequel les choses se manifestent (si tant est qu'on accorde une réalité aux choses, ce à quoi deux écoles ont fini par se résoudre). L'espace est à la fois contenant et contenu. C'est la plénitude ou Akasha primordial.

LES ATOMES.

La philosophie orientale admet l'existence des atomes ayant un aspect interne : tanmatra, et un aspect externe : tattva.

TANMATRA.

Le *Tanmatra*, ou mesure de l'atome, correspond au vide; c'est l'espace formé par l'énergie qui refoule la matière homogène remplissant, ou plutôt étant l'espace cosmique.

TATTVA.

L'aspect formel de l'atome provient du tattva, ensemble des lignes de force selon lesquelles la matière refoulée s'est agrégée. Le tanmatra est la première manifestation de l'énergie formant des trous dans l'espace. Dans son état primordial, on peut considérer cette manifestation comme produisant les grains d'énergie de la physique moderne. Or, ces grains ne sont pas pleins, mais vides.

Ce vide est le résultat d'une limitation de la force, jusque-là infuse dans la substance cosmique, mais qui devient active, en morcelant la matière, laquelle, de son côté, revêt un aspect formel dont elle était dépourvue, cela grâce au tattva.

Cette phase de la création a été dépeinte comme « l'esprit flottant sur les eaux ». Il va sans dire qu'il est complètement impossible de saisir, autrement que d'une façon intelligible, ce commencement de manifestation d'un système de mondes. Ce n'est que par analogie qu'on peut conclure à l'existence de ce processus.

Cette analogie repose sur la structure de l'atome, qui est maintenant connue scientifiquement. Or, on compare l'atome à un système solaire. Donc, à un espace contenant des éléments positifs et négatifs, ceux-ci évoluant autour de ceux-là.

Les éléments ultimes de l'atome, ions et électrons, appartiennent au plan physique. Si l'on admet les théories orientales au sujet des plans hyperphysiques, on devra conclure que ces grains d'énergie composant l'atome physique ne sont eux-mêmes que des agrégations d'éléments plus subtils. Remontant de plan en plan, on peut concevoir un état premier dénué de toute combinaison, quelle qu'elle puisse être, où le vide est l'énergie absolue. C'est le vide parfait, la première limitation, exempte de toute dégradation due aux combinaisons moléculaires qui se produisent à mesure que les états matériels sont plus différenciés.

Si cette première limitation cessait d'exister, l'homogénéité de la substance primordiale demeurerait seule. La création qui repose sur la mise en activité des deux forces opposées, active, passive, s'évanouirait, telle un rêve sans consistance.

Les formes proviennent donc, en dernière analyse, de combinaisons de plus en plus complexes des centres énergétiques primordiaux. Ce qui revient à dire qu'elles sont formées par le vide ayant extérieurement aspect de plein. Plus on abandonne les combinaisons formelles, pour remonter aux éléments ultimes qui les constituent, plus on se rapproche du vide absolu, c'est-à-dire de l'énergie primordiale.

VIDE ABSOLU ET VIDE RELATIF.

Quand ce vide parfait est réalisé, on a, par cela même, atteint la plénitude absolue, qui est l'état d'être parfait.

Il est impossible de prétendre que les choses proviennent de rien; que le vide produit les objets. Tandis que si l'on admet que les choses sont le résultat d'états de vacuité relative, on est en accord avec la science moderne et ses théories sur la constitution de l'atome, considéré, non comme une chose matérielle, mais comme un vide autour duquel tourbillonnent, à des vitesses énormes, les corpuscules qui sont les planètes de ce système solaire en miniature. On est obligé d'admettre également que, si une force supérieure à celle qui maintient ce système en suspension, intervenait, il pourrait être dissocié en ses éléments ultimes.

LES MONDES OU PLANS.

Cette dissociation (qui a pu être réalisée) met en liberté des éléments qui, à leur tour, subiront le même processus, jusqu'à ce que l'état initial soit atteint. Chaque dissociation fait passer la matière à un état d'agrégation plus simple. Cet état représente un des plans ou mondes de la cosmogonie orientale. Chacun de ces plans a été formé par une agrégation nouvelle (moléculaire par rapport au plan supérieur) des éléments appartenant à un monde plus subtil.

Inversement, c'est pas dissociation, désintégration progressive des combinaisons formant chaque plan qu'on parvient au vide absolu des éléments insécables primordiaux, qui demeurent tels aussi longtemps que dure la manifestation, laquelle repose tout entière sur leur existence.

Dans la constitution des formes, deux forces sont en action : la première est celle qui creuse les « trous dans l'espace ». Elle est appelée FOHAT (1) dans l'enseignement archaïque. Elle prend divers aspects, car elle assume des fonctions différentes.

Les grains d'énergie primordiaux sont agrégés par cette force qui les maintient à l'état moléculaire, représentant ainsi, suivant leur complexité d'arrangements, les divers plans du Kosmos.

Enfin, sur les plans différents, ces agrégations, dans leur état spécialisé, sont appelés l'atome de chaque plan. Ces atomes, en se combinant, forment les molécules bases des

(1) Fohat est l'énergie électro-magnétique qui relie l'esprit à la matière. C'est la force intelligente, projection manifestée de la Vie universelle. Dans la théologie brahmanique, c'est la Grande Shakti, et dans les systèmes tantriques, Kundali, la Force cosmique, qui devient Kundalini, le Feu vital dans l'homme.

formes qui seront constituées par ces centres d'énergie tourbillonnante. Cela, sur tous les plans susceptibles de donner naissance à des formes définies. Ce qui revient à dire qu'elles sont constituées par le vide relatif, maintenu sous une apparence phénoménale par l'action d'une deuxième force créatrice et conservatrice des formes (1).

D'après ces théories, en effet, tout est vide, les choses ne sont que des illusions, le vide absolu est la seule réalité. C'est l'êtreté dans l'Homogénéité parfaite de la première manifestation de l'énergie cosmique, alliée à l'élément substantiel de la Nature. C'est le Tanmatra primordial complété par son tattva pour former l'Unité absolue, à la fois Esprit et Matière. Les combinaisons dans lesquelles entreront les unités ultimes donneront lieu à des limitations de plus en plus étroites de la Vie, en même temps que la matière atteindra l'état de densification qui aboutira au monde minéral. Inversement, la désintégration progressive des agrégations moléculaires amènera la libération de la Vie par la disparition de ses entraves matérielles, jusqu'au retour à l'état de vide absolu, celui où la subtilité et la pureté de l'enveloppe ne peuvent plus limiter l'expansion infinie de la Vie.

Si cette interprétation de la théorie du Vide est admise, on conçoit que le Buddhisme n'est pas la doctrine du néant, le nihilisme le plus décevant, comme on le croit très souvent, quand on s'en tient à la lettre des formules buddhistes. La célèbre phrase : « Vide sans nature de sa propre nature » équivaut simplement à trois propositions concernant les trois mondes : matériel, spirituel, divin.

MONDE MATÉRIEL.

1° Absence de tout attribut corporel qui appartiendrait à la nature naturée;

MONDE SPIRITUEL.

2° Absence de toute nature propre appartenant à la nature naturante;

MONDE DIVIN.

3° État de vide absolu dans lequel aucune limitation ne peut apparaître.

(1) La première force créant les atomes et les combinaisons moléculaires, base des différents plans ou mondes, est appelée première vague de vie (Monade de l'Atome).

La deuxième force, créatrice et conservatrice des formes, est nommée deuxième vague de vie (Monade de la Forme).

Doctrine Secrète, H. P. B.

Et on est pénétré d'admiration devant la profondeur de cette savante métaphysique qui, à plus de deux mille ans d'intervalle, vient s'appuyer sur la base solide de la science contemporaine.

Car il ne faut pas s'y tromper, les théories buddhistes concernant la constitution de la matière, au point de vue de l'atome, sont les mêmes que celles enseignées aujourd'hui. La seule différence est que le Buddhisme reconnaît l'existence de plans hyperphysiques dont, jusqu'à présent, les savants modernes ne s'occupent pas, ou du moins, croient ne pas s'occuper; car, leurs recherches sur les éléments ultimes de la matière, la découverte de la radio-activité, les ondes hertziennes, la T. S. F., etc., les amènent sur les confins du monde le plus rapproché du plan matériel, celui de la sensation, ou monde astral.

Ces commentaires, déjà longs, ont cependant besoin d'être complétés au point de vue conscience.

ETATS DE CONSCIENCE.

On a vu que le rudiment subtil, ou tanmatra, correspond à l'aspect vie, par conséquent à son attribut le plus haut, la conscience, le tattva, répondant à la forme, à la matière, Il s'ensuit que plus la vie-conscience se rapproche de l'état de vide absolu, plus elle participe de la vie cosmique, de Dieu en langage chrétien. La première condition est de réaliser l'état de vide intérieur; la mémoire, l'imagination cessent de fonctionner, ce qui amène la disparition des images subjectives, par le contrôle du mental. Tout d'abord une image est choisie, le mental peut s'y fixer; c'est le premier stade; ensuite, l'image doit disparaître, le mental demeurant attaché au sens général de l'image, mais n'ayant plus pour appui une forme sensible, bien que subjective. Le vide est alors obtenu; c'est le deuxième stade. Le premier s'appelle médidation *avec graine* (1) ou discursive; le second méditation *sans graine* (2) ou contemplation.

Ces états passent par des modifications successives portant différents noms, suivant les méthodes d'entraînement, mais, en réalité, correspondent à des degrés de vide de plus en plus grand, jusqu'à ce que le vide absolu soit atteint, ce qui équivaut à l'Union de l'Ame individuelle avec le Tout. Cette union a été considérée sous l'aspect de participation plus ou moins complète, ou d'union totale. Les systèmes à tendances panthéistes adoptent l'Union, les écoles théistes admettent seulement une participation.

Il est aisé de comprendre que la permanence de l'être

(1) Samprajnata.
(2) Asampajnata.

humain se trouve mieux assurée par la participation que par l'Union totale.

Les théories générales du buddhisme ne permettent pas de le ranger parmi les doctrines théistes; on est donc obligé de le compter au nombre des philosophies se rattachant au panthéisme, ce qui rend toujours aléatoire la continuité de l'être ayant atteint le Nirvâna.

Et cependant, comme il a été déjà dit, certains points de vue peuvent être envisagés comme ne mettant pas absolument obstacle à une vie éternelle consciente, sinon agissante.

Quoi qu'il en soit, et pour terminer cette longue digression, il paraît utile de placer ici le tableau des différents états de vide indiqués dans la métaphysique buddhiste. Il donnera une idée de l'extraordinaire travail d'introspection auquel les contemplatifs de cette philosophie ont pu se livrer. La psychanalyse n'est pas une invention exclusivement européenne et moderne!

Les huit abstractions.

Les 8 états de méditation menant au Nirvâna.

1° Joie du détachement du Monde, avec la possibilité d'en juger et d'en raisonner.

2° Disparition du jugement et du raisonnement.

3° Disparition de la joie, remplacée par l'indifférence omnisciente.

4° Disparition de la mémoire en l'absorption complète.

5° Entrée dans l'infinité de l'espace.

6° Entrée dans l'infinité de l'intelligence.

7° Entrée dans la région du néant.

8° Disparition de l'idée même du néant. Entrée dans le Nirvâna.

Ce tableau, qu'on pourrait appeler celui des huit Béatitudes du Buddhisme, est séparé en deux groupes.

Le premier part du monde manifesté et suit le cours ordinaire de la cessation des activités internes :

Images, raisonnement, sensations, imagination, mémoire.

Le deuxième groupe est basé sur l'absence de toute représentation subjective. Il part d'un vide relatif pour aboutir au vide absolu, atteint lorsque l'idée même de ce vide a disparu.

ÉTATS DE MÉDITATION (RAJA YOGA).

En regard avec ce tableau se rapportant à l'entraînement buddhiste, il sera peut-être intéressant de placer ici le tableau des états de méditation d'après le *Raja Yoga* hindou. Tout d'abord, il est à remarquer que le traité de Patanjali, qui est la plus haute autorité en la matière, débute par une simple phrase qui résume à elle seule la nécessité du vide mental produit par la disparition de toute image subjective : « Le Yoga est la suppression des modifications du mental ». Ce sutra est suivi de celui-ci : « Alors, le spectateur réside seul en sa propre nature ».

Le premier sutra répond à la première proposition de la formule buddhiste, « *vide sans nature* », de sa propre nature; nature naturée, nature naturante, c'est-à-dire cessation des modifications internes provenant soit des données sensorielles, soit des facultés internes, images, raisonnement, sensations, imagination, mémoire.

Le deuxième sutra laisse subsister l'idée du spectateur qui se connaît dans « *sa propre nature* ». Il s'agit là de l'entrée dans le second groupe des huit degrés buddhistes. Le Yoga mènera l'homme à la libération, ou Kaivalya (solitude, isolement) par sept stades, dont trois consacrés à l'aspect matériel des choses, un intermédiaire répondant au contrôle du mental, et trois spirituels menant à l'Union ou *Samadhi*.

Une grande différence sépare les deux méthodes : le Yoga est théiste; son but est l'Union par participation avec la Divinité (*Ishwara*).

Les sept phases du Yoga :

Aspect objectif
1. *Yama.* Abstention (ne pas tuer, ne pas voler, ne pas recevoir de dons, être continent).
2. *Nyama.* Purification externe et interne.
3. *Pranayama.* Contrôle de la respiration.

4. *Pratyahara.*
Concentration du mental.

Aspect subjectif
5. *Dharana.* Concentration sur un objet.
6. *Dhyana.* Méditation.
7. *Samadhi.* Union.

Les trois derniers stades constituent ce que l'on appelle

Samyama, état dans lequel on devient conscient de sa propre nature.

C'est le Samadhi, l'Union.

Dans cette philosophie du Yoga, la continuité de l'être humain est nettement affirmée. Il participe, par l'Union, à l'état divin d'Ishwara, mais « il DEMEURE ». Le Yoga se rapproche davantage des conceptions européennes que le buddhisme qui, malgré tout, laisse posée, sans la résoudre, la question primordiale pour l'Homme : celle de son immortalité. Cette question se trouve, du reste, reliée généralement à celle d'une Divinité régulatrice qui est étrangère au Buddhisme. Cependant, comme on le verra plus loin, quelques écoles buddhistes admettent, sous le nom d'Adhi Buddha, un Dieu suprême et infini.

Pour terminer l'exposition des théories buddhiques sur le vide, il est nécessaire de donner la nomenclature complète des états de vacuité tels qu'ils sont enseignés généralement.

États de vacuité

1° *Adharma-Sounyata*, vide intérieur.

2° *Vahirdha-Sounyata*, vide extérieur.

3° *Antara-Vahirdha-Sounyata*, vide intérieur et extérieur.

4° *Soûnyata-sounya*, vide des vides.

5° *Maha Sounyata*, grand vide.

6° *Paramartha-Sounyata*, vide de ce qu'il y a de plus excellent.

7° *Sanskrita Sounyata*, vide de l'action.

8° *Asanskritâ sounyata*, vide de la non-action.

9° *Atyanta-sounyata*, vide sans fin.

10° *Anaparagra-sounyata*, vide sans limites.

11° *Anavakâra-sounyata*, vide sans transformation ni diversité.

12° *Prakriti-soûnyata*, vide de la nature primordiale.

13° *Sawadharma soûnyata*, vide de toutes les lois ou institutions.

14° *Swalakchana-soûnyata*, vide de sa nature propre.

15° *Alambha-soûnyata*, vide qui ne peut être atteint.

16° *Abhavâ soûnyata*, vide sans nature.

17° *Sawâbhava-soûnyata*, vide sans nature de sa propre nature.

Mentra adopté à la grande connaissance du vide :
« Gaté, Gaté-Pasangaté, Parasangaté, Bodhisvaha ».

> Une nomenclature semblable peut, à bon droit, effrayer un esprit européen; de semblables abstractions doivent lui paraître des subtilités chimériques, ne se rapportant à rien de réel.
>
> Il semble plus simple de s'en tenir aux huit états de méditation indiqués comme représentant les huit béatitudes du Buddhisme. C'est plus compréhensible. D'ailleurs, cette dernière nomenclature en dix-sept degrés paraît avoir des répétitions et pouvoir tenir tout entière dans le cadre des huit degrés du premier tableau. On doit regarder les deux séries comme répondant à des états de conscience expérimentés dans des méditations de plus en plus profondes, jusqu'à ce que l'état de vide absolu soit atteint.

« ABHAVA-SVABHAVA-SOUNYATA »

vide sans nature de sa propre nature.

CHAPITRE VI

CHAPITRE VI

Le Monachisme buddhique.

Le Shanga.
Résumé des règles.

Les règles monastiques font partie du Vinaya Pitaka, qui est divisé en trois sections :

1° *Patimokka*, règles de conduite.
2° *Mahavagga*, règles pour l'admission dans le Sangha.
3° *Cullavagga*, discipline journalière.

RÈGLES PRINCIPALES.

LES CINQ INTERDICTIONS :

Ne pas tuer.
Ne pas voler.
Ne pas commettre d'adultère.
Ne pas mentir.
Ne pas s'enivrer.

LES DIX TRANSGRESSIONS :

Trois péchés du corps : meurtre, vol, adultère.
Quatre péchés de la parole : mensonge, médisance, injure, bavardage.
Trois péchés de la pensée : convoitise, haine, erreur.
(On y ajoute l'avarice, l'envie, la négligence.)

CINQ PRÉCEPTES DE BONNE CONDUITE
(Pensil ou Pança-Sîla) :

Eviter d'ôter la vie à un être quelconque.
Eviter de prendre ce qui n'est pas donné.
Eviter les mauvais désirs et les idées d'adultère.
Eviter les paroles mensongères.
Eviter de boire des liqueurs spiritueuses.

LES SIX VERTUS CARDINALES :

L'aumône, le don.
La moralité parfaite.
La patience.
La science transcendante.
L'énergie.
La bonne volonté.

Par-dessus toutes choses, pratique de charité, ou compassion envers toutes les créatures.

Cette charité est l'attribut du Buddha parfait qui se sacrifie pour assurer le salut de ses semblables.

Le *Pratyéka Buddha* est le saint parfait, mais égoïste, qui jouit du Nirvâna sans se préoccuper des humains, qu'il abandonne à leur destin sans essayer de les sauver.

LES ENFERS BUDDHIQUES.

1° *Sanghata*. Réservé à ceux qui tuent ou mangent des animaux.

2° *Sanjiva*. Séjour des homicides.

3° *Avichi*. Demeure de ceux qui ont tué un arhat ou un bhikshou.

4° *Roruva*. Réservé aux voleurs.

5° *Maha Roruva*. Lieu de supplice des adultères.

6° *Kala sudra*. Séjour des menteurs.

7° Enfer brûlant. Pour les ivrognes.

L'envie, l'avarice, la négligence conduisent aussi à l'enfer.

LES QUATRE GRADES :

Srottapatti, celui qui entre dans le courant.
Sakridagami, celui qui est affranchi du désir.
Anagami, celui dont l'esprit est ouvert à la science transcendante.
Arhat, le saint parfait.

ENTRÉE DANS LE SANGHA

ADMISSION.

Première cérémonie : *Pravrajyà,* sortie du monde, noviciat.

Deuxième cérémonie : *Upasampada,* entrée dans le *Sangha.*

L'entrée dans le noviciat comprend l'observation des dix interdictions :

1° Défense de tuer.

2° Défense de voler.

3° Défense de manquer à la chasteté.

4° Défense de mentir.

5° Défense de boire des boissons fermentées.

6° Défense de manger en temps prohibé.

7° Défense de danser, chanter, faire de la musique.

8° Défense de se parer de guirlandes ou ornements, de faire usage de parfums.

9° Défense de coucher sur un lit élevé.

10° Défense de recevoir des aumônes d'or ou d'argent.

Le novice est reçu en qualité de *çramanera.*

L'entrée dans le Sangha comporte, en plus, l'obligation de s'en tenir aux quatre ressources dont on doit se contenter :

1° D'avoir pour nourriture, les aumônes.

2° D'avoir pour vêtements, les haillons offerts.

3° D'avoir pour demeure, les racines des arbres.

4° D'avoir pour remèdes, l'urine et la bouse de vache.

Le moine admis dans le Sangha porte le nom de Bhikshou ou Çramana.

L'entrée dans la communauté est interdite à tous ceux qui sont atteints de maladies incurables ou contagieuses, aux esclaves, aux hermaphrodites, aux soldats, aux débiteurs insolvables.

La peine d'exclusion est prononcée contre tout moine

coupable d'avoir enfreint les interdictions majeures qui sont :

1° Défense de se livrer à un acte immodeste et d'avoir des relations sexuelles.

2° Défense de prendre ce qui n'est pas donné.

3° Défense de tuer.

4° Défense de se vanter d'avoir des pouvoirs surnaturels.

Le Bhikshou doit raser ses cheveux et sa barbe.

Il porte trois vêtements (*tri-civara*) :

1° Une sorte de jupe, attachée à la taille (*Sanghati*);

2° Une tunique (*antara-vasâka*);

3° Un manteau (*Uttara-Sanghati*).

Il possède un bol à aumône (*patra*), un bâton de voyage, un rasoir, une aiguille, une ceinture, un éventail en feuille de palmier, un filtre à eau, un chapelet, un bandeau de mousseline empêchant les mouches de pénétrer dans la bouche, et aussi l'haleine de souiller les objets offerts dans les cérémonies cultuelles.

Les dignitaires ont un chasse-mouche fait d'une queue de vache ou de yack.

Les moines font un seul repas par jour, jeûnent quatre fois par mois, s'abstiennent de voyager pendant la saison des pluies, fréquentent les cimetières en méditant sur la destruction des créatures, ne doivent pas regarder les femmes ni leur parler. Ils sont astreints à la confession privée, se choisissent un maître (*Upadhyaya*).

De plus, aux jours marqués par les quartiers de la Lune, une confession publique a lieu : c'est la cérémonie de l'*Upavasatha*.

On récite le *Prâtimoksha Sutra*, liste de tous les péchés possibles dont les moines doivent se confesser devant l'assemblée.

A la fin de la saison des pluies, une confession encore plus solennelle a lieu au jour du *Pravarana*.

Les femmes admises dans le Sangha suivent les mêmes

règles, mais certains articles particuliers leur sont applicables. Ils concernent les écarts de langage, les médisances, les mauvais conseils. Il leur est défendu de faire le métier d'entremetteuse, de voyager seules ou avec des moines, de sortir du couvent la nuit. Toute coquetterie leur est formellement interdite. Elles portent le même costume que le Bhikshou, la jupe est seulement plus longue. Elles sont tonsurées et possèdent les mêmes objets d'utilité pratique et indispensable.

EXCLUSION.

Les cas d'exclusion sont plus nombreux pour les femmes que pour les hommes :

Bhiksounis. — 8 cas simples;
20 cas graves;
221 cas de confession publique.

Bhikshous. — 4 cas simples;
13 cas graves;
184 cas de confession publique.

On voit par cet exposé que, tout en admettant les femmes dans le Sangha, le buddhisme les tient sous un régime plus sévère.

Elles doivent, d'ailleurs, se confesser deux fois par mois à des moines, se soumettre à leurs avis et considérer même un novice comme un supérieur.

L'ensemble de ces prescriptions se retrouve aisément dans le monachisme occidental, qui a été inspiré par celui de Çakya-Muni. Les ressemblances sont trop grandes et trop nombreuses pour qu'elles puissent être attribuées au hasard.

Les monastères bouddhiques portent le nom de *Viharas.*

Ceux des temps primitifs sont maintenant en ruine. Les monastères actuels sont confortables, comportant des cellules meublées d'un lit de bois, d'une table, d'escabeaux.

Les communautés ont une salle de réunions, une bibliothèque, un réfectoire, des cloîtres, des jardins, des cours.

Le buddhisme étant maintenant une religion ayant un rituel et des cérémonies, des chapelles sont nécessaires pour la célébration du culte (*Tchaitya : chapelle*).

La vie austère exigée des religieux buddhistes ne convenait pas à tous ceux qui entraient dans le Sangha. De là beaucoup de dissensions et de querelles.

C'est pour réglementer l'existence des moines, arrêter les dogmes, réunir les écritures afin d'en former le canon buddhique, que les conciles furent tenus.

CONCILES.

Premier concile. *Rajagriha*. — Dans l'année de Nirvâna, présidé par *Maha Kacyapa*.

Rédaction des trois corbeilles (*Tripitaka*). Ce concile dura sept mois, compta cinq cents membres rassemblés dans le vihana souterrain de Sattrapanni, puis dans une salle construite sur l'ordre du roi Ajataçatru, protecteur du concile.

Deuxième concile. *Vaiçali*. — Vingt ans environ après le concile de *Rajagriha*.

Il fut tenu sous la protection de Kalaçoka, roi de Magadha, et comprit sept cents membres, réunis pour combattre un schisme qui commençait à naître au sein du Sangha.

L'assemblée dura huit mois. Elle condamna l'hérésie et expulsa les membres auteurs du désordre.

Les textes du *Vinaya* et du *Dharma* furent revisés.

Troisième concile. *Pataliputra*. — En 242 ou 244, convoqué par Asoka. Il fut présidé par Maudgalaputra et comprit mille arhats. Les travaux durèrent neuf mois.

Les doctrines des diverses sectes furent examinées. Celles reconnues hérétiques furent rejetées du Sangha.

Les écritures furent de nouveau revisées. L'Abhidharma (métaphysique) (1) date probablement de ce concile qui, de plus, organisa des missions de propagande à l'étranger.

Quatrième concile. *Jalandhara*. Réuni vers la fin du premier siècle de l'ère chrétienne par Parçva et Vasumitra, sous la protection de Kanishka, roi du Kaschmyr.

Ce dernier concile marque l'apogée du buddhisme dans l'Inde. On y opéra la revision des écritures sacrées, en y ajoutant de nouveaux commentaires.

ORGANISATION DU CULTE.

Grandes cérémonies :

Lecture du *Pratimoksha Sutra*.
Confession publique. *Upavasatha*.

Offrandes de cinq sortes :

Eau, parfums, lumière, fleurs, riz.
Hymnes, prières, passages de l'Ecriture à lire selon les circonstances :

Naissance. mort, services pour les défunts retenus dans le purgatoire ou dans l'enfer.
Exorcismes pour la guérison des malades, prédiction de l'avenir, aspersion d'eau bénite.
Fêtes anniversaires :

De la naissance et de la mort du Buddha, de la fondation des monastères, des temples.
Fêtes en l'honneur des Dhyani-Buddhas, des Bodhisattvas, des Arhats béatifiés, des Dieux, des Génies.

---

(1) Sous sa forme définitive.

CHAPITRE VII

CHAPITRE VII

Buddhisme thibétain et cynghalais (1).

BUDDHISME DU NORD.
(BUDDHISME MYSTIQUE, DÉMOTIQUE ET THÉISTE.)

Le Thibet est le centre de la religion buddhique, c'est là qu'elle est observée le plus fidèlement. On y trouve des vestiges de l'origine primitive mélangés aux traditions archaïques. Religion officielle, elle exerce un empire absolu sur les institutions sociales. Le gouvernement est une théocratie buddhiste, et le seul modèle d'un état religieux encore existant, depuis que la papauté a perdu le pouvoir temporel.

Jusqu'aux confins du XXᵉ siècle, le pays, défendu par son climat et par la difficulté d'accès, était, de plus, préservé des infiltrations étrangères par son gouvernement qui se gardait jalousement des contacts extérieurs. Cependant, cet état de choses tend à se modifier, principalement depuis la pénétration jusqu'à Lhassa d'une expédition anglaise. Malgré tout, il n'est pas encore aisé de visiter, comme simple voyageur, ce pays fermé et hostile à toute ingérence étrangère.

Il est facile de comprendre que, dans ces conditions, le buddhisme y ait été conservé relativement pur, tout au moins par les classes sacerdotales, qui sont vouées à l'étude des livres canoniques du buddhisme.

Ces livres sont en très grand nombre. Les empereurs de la Chine ont fait imprimer à Pékin les anciennes traductions thibétaines et chinoises des livres buddhiques, après les avoir fait traduire en mongol et en mandchou.

(1) Consulter aussi l'Introduction : article Thibet, page 19.

Il existe donc une collection écrite en quatre langues.

1° Celle attribuée directement au Buddha, le Kandjour, qui a cent huit volumes, en chaque langue.

2° Une seconde collection, le Djanjour, provenant des disciples plus éloignés du Maître, et de commentateurs de différentes époques, formant un ensemble de deux cent quarante volumes.

Les quatre traductions comprennent mille trois cent quatre-vingt-douze volumes, y compris les commentaires.

LE LOTUS DE LA BONNE LOI (SADDHARMA-PUNDARIKA).

C'est du Thibet qu'est venu un des principaux ouvrages du buddhisme : le *Lotus de la Bonne Loi,* traduit par M. Burnouf.

Dans cet ouvrage, la poésie est mêlée aux dissertations dogmatiques, la légende à la métaphysique. On y traite des incantations comme du mysticisme le plus élevé. C'est pourquoi ce traité est appelé Sutra de grand développement.

LIVRE DES DIVERTISSEMENTS. LALITA VISTARA.

On mentionne également le Lalita Vistara qui fait partie du Bhak-Gyour. C'est un des neuf Dharmas ou recueils de la Loi par excellence. Il fut rédigé par un des disciples directs du Buddha.

Un autre grand Sutra a été aussi commenté par M. Burnouf :

LE SAKRAVATI.

Il traite de la constitution de Sakhravati, la terre fabuleuse et bienheureuse qu'habite le Buddha divin, *Amithaba.*

COLLECTION DU NÉPAUL.

Dans la grande collection, dite du Népaul, on trouve

des ouvrages de valeur très inégale. Les uns parlent de l'existence des Buddhas ayant précédé Çakya-Muni; d'autres renferment des prédictions qui lui sont attribuées. Enfin, un grand nombre se rapporte à la magie, voire à la sorcellerie la plus basse, ce sont les livres tantriques.

LES TANTRAS.

Parmi ceux-ci, on cite le Savarna-Grabkasa, c'est-à-dire « l'Eclat de l'Or », qui date de la seconde période du buddhisme.

Le Samvaradaya-tantra, ou livre du mystère, est un vrai traité de magie. Le Mahakala-tantra est consacré à Shiva, c'est également un livre de magie.

Il existe cependant un livre tantrique consacré spécialement à la cosmographie, l'astronomie, la description de la nature des dieux, la chronologie. C'est le Kala-Thakara, ou la roue du temps.

Tous ces ouvrages, et beaucoup d'autres encore, sont tirés de la grande collection thibétaine dite le « Koh-Gyar ». La traduction des commandements comprend : 1° la discipline religieuse, 2° la sagesse transcendantale, ou Stangyour tantrique.

On voit par les titres seuls de ces différents ouvrages qu'ils sont souvent fort éloignés de l'esprit du buddhisme primitif, même dans le Thibet qui est la véritable citadelle de cette religion.

L'enseignement y est donné dans des monastères appelés lamaseries, dont l'importance est très variable, allant de quelques centaines de moines à plusieurs milliers. Ils arrivent, quand ils sont très importants, à former de véritables petites villes ayant une organisation spéciale, des bâtiments spacieux pour les dignitaires des temples, des maisons pour les moines, ceux-ci habitant parfois en commun, mais ayant assez souvent une maison pour un religieux. Quand l'habitation est partagée entre quelques moines (deux, trois ou quatre généralement), chacun d'entre eux occupe un côté de la maison, qui a une cour commune pour tous.

Les supérieurs des grandes lamaseries sont des personnages très importants, prenant part au gouvernement du pays. Ce sont eux qui élisent à la majorité des voix le chef suprême du Thibet, le Dalaï Lama, qui réside à Lhassa, demeurant dans l'immense palais nommé le Potala.

Le Dalaï Lama est choisi selon des moyens occultes, c'est-à-dire que des devins voyants désignent un enfant inconnu, qui doit être trouvé dans tel endroit, portant sur sa personne certains signes qui le font reconnaître comme étant la réincarnation d'un grand Lama disparu. Naturellement, l'intrigue, les intérêts personnels ont beau jeu dans cette élection. Le Dalaï Lama une fois élu ne gouverne pas, ce sont les chefs de lamaseries et les dignitaires religieux de Lhassa qui assument le pouvoir pendant la minorité du Pontife-Roi (1).

Il y a trois chefs au Thibet :

Le *Dalaï Lama*, le très saint pontife.

Le *Tashi Lama*, le chef mystique de la théurgie (2).

Le *Bogdo Khan*, le chef laïque responsable de l'ordre social.

C'est dans les hautes montagnes de l'Himalaya, sur les plateaux appelés « le toit du monde », placés à des altitudes variant entre 3 et 5.000 mètres, que s'est réfugié le buddhisme persécuté par les brahmanes de l'Inde, qui firent à ses partisans une guerre d'extermination sans arrêt, des premiers siècles de l'ère chrétienne jusqu'au viie siècle, époque à laquelle ils restèrent les maîtres de la péninsule, les buddhistes étant refoulés dans le centre de l'Asie, vers le Nord, à l'Orient, vers la Chine, y compris la Mongolie et la Mandchourie, et vers le Sud, à Ceylan.

____

(1) Le Dalaï Lama atteint rarement l'âge de majorité. Sa disparition assurant la possession du pouvoir au collège des Khampos, se renouvelle trop souvent pour être naturelle !...

(2) Le Tashi Lama réside à Shigatsé.

BUDDHISME DU SUD.

SPÉCULATION POSITIVISTE, FORME SAVANTE ET ARISTOCRATIQUE (1).

L'île de Ceylan peut être considérée comme le domaine le plus important du buddhisme du Sud. C'est dans ses profondes vallées que l'on trouve ses plus fervents adeptes. Les prêtres buddhistes y sont très nombreux, recrutés dans toutes les classes de la société, ils ne forment pas de vœux perpétuels et peuvent rentrer dans le monde pour le quitter de nouveau s'ils en ont le désir. Ils ne vivent point à part comme les moines des lamaseries thibétaines, mais sont mélangés à la population. Leurs livres religieux ne sont pas écrits en sanscrit, mais en pâli.

MAHAWANSEE, RAJAVALI.

Parmi ces écrits, le Mahawansee et le Rajavali sont particulièrement célèbres. Ils renferment l'histoire du Buddha et des miracles qu'Il accomplit, ainsi que ses disciples. On y décrit la conversion des habitants de Ceylan, amenée par la prédication du Grand Prêtre Niggroda et de la Grande Prêtresse Sangamittrah, envoyés par l'empereur buddhiste Asoka.

Puis, suit l'histoire des divers monarques qui embrassèrent le buddhisme. Le Mahawansee est un vrai récit oriental, une histoire fabuleuse où toutes les actions prennent des proportions extraordinaires. On ne parle que de milliers de saints, d'arhats volant à travers les airs (lévitation) et accomplissant les plus étonnants miracles.

La grande figure du souverain Asoka, l'apôtre zélé du buddhisme, y tient une place prépondérante.

(1) Consulter aussi l'Introduction, articles Ceylan, Siam, Birmanie, page 17.

Parmi les ouvrages se rattachant au buddhisme cynghalais, on remarque un poème appelé le Yakkan-Nottanawa (danse des *Yakkhas, génies*), qui roule sur le culte des démons, encore très répandu parmi la population.

Ce culte, probablement d'origine non aryenne, doit provenir d'anciennes peuplades descendant des Atlantes, ou même des Lémuriens. Il se mélange de la façon la plus étrange aux enseignements recommandant la douceur et la bonté du buddhisme. Le nom de *Yakkun Nattanawa* signifie danse des *Yakkhas*, génies supérieurs à l'homme, parfois bienveillants, mais le plus souvent redoutables. Le principal d'entre eux est le grand démon des cimetières. On y trouve décrites des déesses, les Pattinies (de *patni*, maîtresse), divinités cruelles qui se complaisent dans les souffrances qu'elles peuvent infliger. Elles aiment à déchirer la poitrine de leurs adorateurs pour sucer le sang qui coule des blessures qu'elles leur font.

On est loin, avec ces horreurs, du culte pur et compatissant du Seigneur Buddha, et cependant, le poème lui est dédié en ces termes : « Au Buddha suprême surnommé *Lowtura*, à sa doctrine et à ses prêtres, je rends obéissance ».

Lowtura est une altération de Lokottara, le supérieur des mondes. Dans cette phrase, on invoque les trois refuges, ou *Trisarâna*, les trois joyaux.

Cette invocation se trouve à la tête de tous les ouvrages buddhistes de pure tradition, comme aussi dans ceux mélangés de superstitions populaires, se rapportant généralement au culte de Shiva ou à celui de ses Shaktis. C'est dire qu'on y trouve souvent beaucoup de cruauté : malheureusement aussi, des pratiques obscènes en rapport avec le culte de ces déesses.

Les formules magiques, les incantations pour conjurer les démons tellement redoutés, sont trouvées dans les livres relevant du buddhisme du Sud et également dans les ouvrages thibétains, les habitants de l'Himalaya ne le cédant en rien, au point de vue de la terreur inspirée par les démons, à leurs frères en religion de l'île de Ceylan.

Le Thibétain a l'existence empoisonnée par cette peur. Il n'entreprend rien, n'agit en quelque façon que cela soit sans être armé de talismans, de moulins à prières, de formules de préservation, afin d'éviter les êtres si redoutés de l'astral. Les chemins du Thibet sont remplis de perches à prières, de monticules de cailloux destinés à protéger les voyageurs, qui doivent ajouter leur petite pierre à tous les amas qu'ils rencontrent, sous peine d'encourir la colère des génies résidant près de ces tumulus. Inutile d'ajouter que ces pratiques superstitieuses, qui ne ressemblent que de fort loin au véritable buddhisme, ne sont pas suivies peut-être par les lamas instruits, mais en tout cas, fort bien vues par eux, car elles sont des sources de revenus très importants pour les lamaseries, qui ont le monopole de la vente des talismans, moulins et perches à prières, etc.

CHAPITRE VIII

CHAPITRE VIII

Buddhisme chinois (1).

Ayant étudié les Skandhas et les Nidânas sous les dénominations usitées dans les écoles buddhistes de l'Inde, il est utile de faire un rapprochement entre ces formes et celles enseignées dans le buddhisme chinois, car on ne doit pas oublier que cette religion compte un nombre considérable d'adeptes dans l'Empire Céleste, y compris le Thibet, la Mongolie, la Mandchourie. Et aussi au Japon.

CATÉGORIES.

Le buddhisme chinois reconnaît cinq catégories, ou assemblages, assimilables aux cinq Skandhas :

1. Hindou : *Rupa Skandha*, forme.
   Chinois : *Ssa-Yûn*, assemblage de formes.
2. H. : *Vedana Skandha*, sensations.
   C. : *Chéou Yun*, catégorie d'acceptation.
3. H. : *Sandjna Skandha*, idées abstraites.
   C. : *Sang-Yân*, catégorie des jugements.
4. H. : *Samskara Skandha*, tendances.
   C. : *Hin-Yûn*, catégorie d'actions.
5. H. : *Vidjnana Skandha*, pouvoirs de la conscience.
   C. : *Chi-Yûn*, catégorie de l'intelligence.

La nomenclature chinoise reconnaît cinq racines (*Ken-ming*), correspondant aux cinq sens et se rapportant au second prédicament ou catégorie de la première classe précédente, causant cinq relations : vue, son, odeur, saveur, toucher.

(1) Consulter aussi l'Introduction, article Chine, page 11.

L'école chinoise enseigne les quatre nobles vérités et la chaîne des Nidânas, le tout formant une catégorie de seize objets.

Quatre choses sont examinées et reconnues vraies.

1° La douleur. La souffrance.
2° Le périssable. La cause de la souffrance.
3° Le vide. La cessation de la souffrance.
4° Le non-moi. Le moyen d'y arriver.

Les douze Nidânas suivent dans le même ordre que chez les buddhistes de l'Inde, y compris Hétou, la cause immédiate, et Pratyaya, la cause concomitante.

Les six séjours, ou sièges des sens (y compris le mental) sont rendus, en chinois, par les six entrées par lesquelles pénètrent toutes les connaissances.

Ces six entrées sont en rapport avec les six fonctions : vue, ouïe, odorat, goût, toucher, intellect.

L'essence fondamentale de l'homme le porte à se réunir à la Grande Unité.

Or, pour s'identifier avec cette Unité absolue, on doit cesser de faire usage des six fonctions.

L'homme se dégage alors des liens des sens, pour s'absorber dans la contemplation, ce qui est le seul moyen de retourner à la source spirituelle.

L'école chinoise, de même que les écoles hindoues, regardent les sens comme la cause de tous les maux.

Ils sont appelés les poussières.

L'extinction de ces poussières permet d'obtenir l'absorption finale dans le Nirvâna.

On peut noter une différence parmi les écoles buddhistes, les unes donnant aux sens le nom d'entrées, les autres celui de sorties.

Cela signifie que les perceptions procèdent du dehors au dedans (entrées), ou du dedans au dehors (sorties).

Elles partent de l'objet perçu pour entrer dans le sujet percipient, ou sortent du sujet pour atteindre l'objet.

Le mépris des perceptions sensorielles est donc un caractère commun aux buddhistes de toutes les sectes.

En Chine, les Tao-sse, ou sectateurs de Lao-Tseu, partagent la même opinion. On la retrouve encore chez les Suffis de Perse.

Cette doctrine du non-agir est évidemment originaire de l'Inde, d'où elle est répandue dans une grande partie de l'Asie.

Elle se rattache au Sankhya de Kapila, et surtout au Yoga de Patanjali, qui prescrit tout particulièrement l'abandon des œuvres.

Le buddhisme a aussi beaucoup emprunté au système atomistique du Vayseshika (pénétrer dans la nature des choses).

Cependant, sa théorie concernant l'atome est plus conforme aux données scientifiques modernes.

Du Yoga, il a tiré l'ascétisme contemplatif, mais il l'a réservé principalement aux religieux, consacrant les œuvres aux laïques et suivant en ceci les Védantins.

De là, deux voies, celle de la vie active et celle de l'existence contemplative qui amène l'éloignement du travail corporel, la vie monastique et mendiante.

A remarquer seulement que chez les buddhistes les vœux ne sont pas perpétuels, la rentrée d'un moine dans le monde n'entraîne pour lui nulle source de blâme. Cependant, en règle générale, les vœux sont plus régulièrement gardés dans les grandes lamaseries du Nord que par les moines vivant dans le monde du buddhisme cynghalais.

La doctrine du non-agir a été adoptée, non seulement par les buddhistes, mais par le célèbre philosophe Lao-Tseu qui la recommande tout particulièrement, la présentant comme la quiétude parfaite qui permet à l'homme de se réunir à l'Etre suprême.

Car, de même que les Hindous, Lao-Tseu admet le dogme de l'identification avec Dieu, ce qui le rapproche de la philosophie Adwaïta de Shri Shankaracharya, les deux autres écoles spiritualistes enseignant seulement l'union par participation.

L'unification totale se rattache forcément au panthéisme intégral dans les écoles matérialistes, au panthéisme unitaire pour les sectes théistes.

L'unification est enseignée chez les Suffis, qui reconnaissent deux systèmes d'union.

1° La réunion qui consiste à voir les choses en Dieu et à renoncer à toute autre jouissance.

2° La réunion des réunions, ou unification qui consiste à s'anéantir totalement et à se passer de tout, excepté de Dieu.

Cet anéantissement des Tao-sse et des Suffistes correspond à l'état nirvaque, absorption finale des buddhistes.

(C'est pourquoi les théories suffistes sont citées, quoique ne faisant pas partie de la religion buddhiste. Le suffisme est le mysticisme musulman.)

Ces doctrines concernant l'unification plus ou moins complète ne sont cependant pas suivies dans toute la Chine. Elles ne sont pas admises par les Lettrés, sectateurs de Confucius.

Néanmoins, il est important de faire remarquer que les Tao-sse, aussi bien que les buddhistes et les suffistes, les ont adoptées.

TAO TE KING, LAO-TSEU.

Etant donné les rapports existant entre le buddhisme et la doctrine de Lao-Tseu, il peut être utile de citer le chapitre suivant du *Tao te King,* dans lequel le philosophe chinois définit la cause première :

Tao signifie mouvement, en avant, ce qui marche en tête, la voie directe.

Lao-Tseu élargit cette définition jusqu'à lui donner la signification de suprême Intelligence directrice, de Raison primordiale.

Le Tao n'a pas d'autres attributs que ceux d'éternité, d'immutabilité, d'absolu.

C'est la Cause première, éternelle, immuable.

Considérée sous deux points de vue, on trouve en Elle deux natures ou modes :

Dans le premier mode, Elle ne peut être nommée. C'est le principe insaisissable et subtil du monde manifesté.

C'est l'état de non-être, d'incorporéité correspondant à Parabrahm, Amithabbha-Buddha, ou Aïn-Souph de la Kabbale.

Dans le second mode, cette cause première peut être nommée.

C'est la Mère de tous les êtres.

C'est la nature corporelle ou phénoménale, l'état d'être ou de corporéité, l'équivalent de Pratyagatma, d'Avalokiteshwara, ou encore de Iod He Van Hé (*Kabbale*).

La nature subtile de la Cause première produit les intelligences insaisissables.

La nature corporelle produit les êtres matériels.

Toutes deux ont une même source, le *Tao* :

La raison, l'Intelligence suprême, primordiale, *Thi-Tao*.

« Si le Tao (comme voie droite) pouvait être fréquenté, il ne serait pas l'éternel, l'immuable Tao.

« Si le nom (du *Tao*) pouvait être nommé, il ne serait pas le Nom éternel, immuable.

« Sans nom, le Tao est le principe du Ciel et de la Terre.

« Avec un nom, c'est la Mère de tous les êtres.

« C'est pourquoi il faut être sans affections pour contempler sa nature insaisissable.

« Il faut avoir des affections pour contempler sa nature corporelle phénoménale.

« Ces deux natures, ou modes d'être du Tao, ont la même origine et elles se nomment cependant diversement.

« Ensemble, on les appelle bleues (ou incompréhensibles).

« Bleues et encore bleues, ou incompréhensibles au dernier degré.

« Elles sont la Porte de toutes les natures insaisissables, sans nom (*Youantchi*), et avec nom (*Y.-Yan*).

« Le Tao, principe primordial, unité vide, ou immatériel, existant par Lui-même.

« Plus on l'explore, plus on cherche à le connaître, plus on le trouve profond, indécouvrable.

« Plus on croit le tenir, plus on le perd, plus il échappe.

« Avec un nom (Taï Ki, le grand Faîte, le premier principe de l'Y-King).

« Divisé en plusieurs forces ou énergies est le Tao, considéré comme Mère de tous les êtres. »

Sous la forme de « Mère de tous les Etres », on trouve l'équivalent de la Grande Shakti, la Vierge Céleste (*Kanya*).

C'est le pouvoir ou énergie par lequel le monde phénoménal vient à l'existence.

Les deux principes ont été symbolisés en Chine par le Yn, Yang.

Yn, principe actif, Yang, passif. L'ensemble forme le glyphe de l'Absolu. C'est le « Grand extrême », l'Unique, le Tao, sans nom.

On voit qu'en étudiant toutes ces philosophies on aboutit toujours aux mêmes enseignements. Ils sont donnés sous des formes différentes, le fond en est immuable.

Si on est moins attiré par certains côtés du Buddhisme, à cause de leur apparence matérialiste, on trouve néanmoins que dans son sens le plus profond il recèle les mêmes vérités, partout proclamées. Les rapports sont évidents entre le buddhisme orthodoxe et les philosophies spiritualistes de l'Inde, aussi de la Chine sous les formes adoptées par le Buddhisme chinois et son adaptation à la philosophie du Taoïsme.

CHAPITRE IX

CHAPITRE IX

Buddhisme japonais (1).

A côté du buddhisme chinois, on trouve le buddhisme japonais, dérivé des écoles du Nord représentant particulièrement le Mahayana.

La littérature sacrée japonaise débute par un passage tiré de l'Avahamsaka Sutra :

« Enfants du Buddha, il n'est par un être vivant qui n'ait en lui la Sagesse du Parfait.

« C'est seulement à cause de leurs vaines pensées et de leurs désirs que les hommes n'en ont pas conscience.

« Je leur enseignerai le chemin saint, je leur ferai renoncer à leurs folles pensées et leur montrerai que la vaste et profonde intelligence qui réside en eux n'est pas différente de la Sagesse de Buddha. »

Le Soi universel et le soi de chaque homme sont Un.

Seule, l'illusion primitive, Maya, les sépare. Libérer le soi de cette illusion est le but que chacun doit s'efforcer d'atteindre.

Le soi, essence de Buddha, seule réalité divine, doit sortir de l'état léthargique où il est plongé et parvenir, degré par degré, à conquérir la soi-conscience sur tous les plans de l'univers.

Le *Maha-Pan-Nibbana Sutra* (Sutra de la Grande Mort, Evangile du Buddhisme) donne une exposition de huit stades de la délivrance.

1° Joie du détachement du Monde, avec la possibilité d'en juger et d'en raisonner.

2° Disparition du jugement et du raisonnement.

3° Disparition de la joie, remplacée par l'indifférence omnisciente.

(1) Consulter aussi l'Introduction, article Japon, page 26.

4° Disparition de la mémoire en l'absorption complète.

5° Entrée dans l'infinité de l'espace.

6° Entrée dans l'infinité de l'intelligence.

7° Entrée dans la région du néant.

8° Disparition de l'idée même du néant. Entrée dans le Nirvâna.

Parti de l'existence terrestre, l'homme doit parvenir à la spiritualisation complète, ou état nirvânique, après avoir passé par une série de vies nombreuses sur la terre et, selon un assez grand nombre de sectes buddhistes, dans des mondes supérieurs au nôtre.

Le poète Lafcadio Hearn a exposé les doctrines japonaises sur le buddhisme dans un livre très documenté, *Gleanings in buddha' fields*.

On ne peut mieux faire que d'en citer les quelques extraits suivants :

« Les modes d'existence des hommes et des animaux appartiennent à ce qu'on appelle les mondes du désir (*Yokrikaï*), qui sont au nombre de quatre.

« Au-dessous sont les états de tortures ou enfers (*Jigôku*), sur lesquels ont été écrites des choses fort curieuses.

« Nous nous bornerons ici à suivre le cours du progrès spirituel de l'être, du monde des hommes jusqu'au Nirvâna, en admettant, avec les buddhistes modernes, que ce pèlerinage à travers la mort et la naissance se prolonge, tout au moins pour la majorité des hommes, même après l'accession aux plus hautes conditions d'existence sur cette terre.

« Le chemin du Nirvâna s'élève graduellement de la terre vers d'autres mondes supérieurs, en passant par les six cieux du désir (*Yokaten*), puis par les dix-sept cieux de la forme (*Shiki-Kaï*), et enfin par les quatre cieux de la non-forme (*Mushiki-Kaï*), au delà desquels s'étend le Nirvâna.

« Les exigences de la vie physique, le besoin de nourriture, de repos et les rapports sexuels continuent à se manifester dans les cieux du désir, qui ressemblent plutôt à des mondes physiques supérieurs qu'à ce que nous avons coutume de désigner par les cieux.

« En effet, les conditions de vie dans les cieux du désir sont celles que l'on pourrait imaginer dans des planètes plus favorisées que la nôtre, évoluant dans des sphères plus hautes et réchauffées par un soleil plus vivifiant.

« Certains textes buddhistes placent ces existences dans des constellations éloignées, en déclarant que le chemin qui conduit à la limite de l'existence passe d'étoiles en étoiles, de groupes d'étoiles en groupes d'étoiles et d'univers en univers.

« Dans le premier des six cieux du désir, appelé le ciel des quatre Rois (*Shi-tenno-ten*), la vie a une durée cinq fois plus longue que sur la terre, au point de vue du nombre des années, et chaque année correspond à cinquante années terrestres.

« Mais les habitants de ce premier ciel mangent, boivent et s'unissent presque exactement comme nous-mêmes.

« Dans le ciel suivant (*Sanjiu-San-Ten*), la durée de la vie est double, en même temps que s'améliorent les conditions d'existence.

« Les formes les plus grossières de la passion disparaissent.

« L'union des sexes persiste, mais d'une manière étrangement semblable à celle envisagée par un Père de l'Eglise chrétienne : un simple embrassement suffisant pour créer la vie.

« Dans le troisième ciel (*Emma-Ten*), où la longévité s'est encore doublée, le plus léger contact suffit pour engendrer.

« Dans le quatrième ciel, ou ciel du contentement (*Tochita-Ten*), la durée de la vie est encore accrue.

« Dans le cinquième ciel, ou ciel de la transformation

de la joie (*Keratu-Ten*), d'étranges puissances nouvelles sont acquises; les joies subjectives peuvent se transformer à volonté en joies objectives. Les pensées comme les désirs deviennent des forces créatrices et un simple regard suffit pour provoquer la conception et la naissance.

« Dans le sixième ciel (*Taki-Jisaï-Ten*), les puissances obtenues dans le cinquième se développent; les joies subjectives transformées en joies objectives peuvent être offertes à d'autres, ou partagées avec d'autres, comme des dons matériels.

« Mais le regard d'un instant, un coup d'œil peut créer un nouveau Karma.

« Les cieux du désir sont tous des cieux de vie sensuelle, comme pourraient en rêver les artistes, les amants et les poètes.

« Ceux qui ont pu les franchir sans faiblir (et une défaillance est vite arrivée!) pénètrent dans la zone super-sensible, entrant d'abord dans les cieux de l'observation lumineuse de l'existence et de calme méditation sur l'existence (*Ujin-ushi-Shorgo*).

« Ces cieux sont au nombre de trois, chacun plus élevé que le précédent; on les nomme le ciel de la sainteté, le ciel d'une sainteté plus haute, et le ciel de la grande sainteté.

« Après ceux-ci viennent les cieux de l'observation lumineuse de la non-existence et de calme méditation sur la non-existence (*Mujin-Mushi-Shoryo*).

« Voici leurs noms dans l'ordre : moindre lumière, lumière insondable, lumière créatrice de sons ou lumière sonore.

« Ici est atteint le plus haut degré de joie supersensuelle qu'il soit possible d'obtenir dans des conditions impermanentes.

« Au-dessus sont les états nommés : Cieux de la méditation sur l'abandon de la joie (*Riki-Shoryo*). Les noms de ces états dans leur ordre ascensionnel sont : pureté moindre, pureté insondable, pureté suprême.

« Il n'y a plus ni joie ni souffrance, on n'y ressent plus de sentiment violent, mais seulement un doux plaisir négatif, une divine sérénité d'âme.

« Au-dessus de ces cieux sont les huit sphères de la méditation calme sur l'abandon de toute joie et plaisir (*Riki-Raku-Shoryo*). Elles sont appelées : sans nuage, sainteté manifestée, vastes résultats, vide du nom, vide de chaleur, beauté apparitionnelle, vision perfectionnée, limite de la forme.

« Mais les idées et les pensées persistent encore.

« Celui qui a pu traverser ces royaumes supra-sensibles, entre aussitôt dans les sphères de la non-forme (*Mushiki-Kaï*) qui sont au nombre de quatre.

« Dans le premier état, toute notion de l'individualité est perdue. La pensée du nom et de la forme s'éteint à son tour et il ne reste que l'idée de l'espace infini et du vide.

« Dans le deuxième état du Mushiki-Kaï, cette idée de l'espace s'évanouit et est remplacée par l'idée de la raison infinie. Mais cette idée de raison est anthropomorphique; c'est donc une illusion qui s'efface à son tour dans un troisième état appelé « l'état où rien ne peut plus être saisi » (*Mu-Sho-U-Sho-Jo*).

« Ici demeure seule l'idée du néant infini. Cette condition a été atteinte par l'action de l'esprit individuel. Cette action cesse, et alors l'état quatrième du Mushiki-Kaï est atteint.

« C'est le *Hiso-Hihiso-Sho*, ou « l'état ni du sansnom ni du non-sans-nom ».

« Quelque chose de l'esprit individuel continue encore à flotter vaguement : c'est l'extrême vibration expirante du Karma, la dernière ombre de l'être qui s'évanouit.

« Tout s'efface et l'incommensurable révélation approche.

« Le Buddha rêvant, libéré du dernier lien spirituel du soi, se lève alors dans la béatitude infinie du Nirvâna. »

Lafcadio Hearn ajoute quelques commentaires à cet exposé :

« La réalité centrale de chaque créature est de pur Buddha, la forme visible et la pensée qui l'enferment n'étant que le Karma.

« A la théorie d'un univers composé d'atomes physiques, le buddhisme oppose l'hypothèse d'un univers formé d'unités psychiques.

« Ce que nous appelons les atomes ne sont que des combinaisons impermanentes, donc irréelles.

« Les atomes ne sont que le Karma.

« Nous ne savons rien de l'ultime nature de la substance et du mouvement; mais, nous avons la preuve que le connu est sorti de l'inconnu et que les atomes constitutifs de notre être sont des combinaisons et que ce que nous appelons la matière et la force ne sont que des manifestations diverses d'une réalité inconnue, simple et infinie.

« La doctrine buddhique de l'impermanence est aussi la doctrine de la science moderne. Huxley, dans son ouvrage : *Evolution et morale,* écrit : La science naturelle tend de plus en plus à cette conclusion que toute chose n'est que forme passagère, composée de parcelles de substances cosmiques en voie d'évolution, depuis la nébuleuse, à travers toutes les formes de la matière et de la pensée, vers l'indéfinissable état latent d'où tout est sorti.

« Ainsi, l'attribut le plus manifeste du Kosmos est l'impermanence.

« On peut dire finalement que le buddhisme s'accorde merveilleusement avec la science moderne; nous nous trouvons en présence d'une foi très haute et très vaste, évitant une conception anthropomorphique de l'incommensurable réalité, fondant une morale très élevée et maintenant une espérance d'éternité qu'aucune forme possible de science positive ne pourra détruire dans l'avenir.

« Renforcée par l'enseignement scientifique, la doctrine buddhique nous apprend que, depuis des milliers d'années, nous avons pensé à l'envers de la vérité.

« Tout ce que nous appelons substance n'est qu'une ombre : l'extérieur est irréel et l'homme apparent n'est qu'un fantôme. » (*Lafcadio Hearn.*)

Ce long extrait était intéressant à citer, car il donne une note très originale sur le buddhisme japonais. Cette description détaillée des six cieux du désir, des dix-sept cieux de la forme et des quatre cieux de la non-forme, est fort curieuse.

Les cieux du désir peuvent être assimilés, dans leur ensemble, au plan astral et à ses subdivisions. Avec, cependant, cette différence qu'il ne s'agit pas là d'un purgatoire transitoire, mais d'un lieu d'existence réelle dans laquelle le Karma peut être créé.

Les modes de la vie se rapprochent étrangement de la vie terrestre. Il ne s'agit pas d'existence automatique, mais de réalisation active des besoins matériels, ce qui implique des corps substantiels, avec des systèmes organiques appropriés aux diverses fonctions vitales et reproductrices.

Cette vie Karmique se passe-t-elle dans l'aura astrale de la Terre, sur d'autres planètes du Système solaire, ou encore beaucoup plus loin ? Il semble, d'après les explications données, qu'il y ait là-dessus des opinions très diverses. La vie dans la zone super-sensuelle peut se rapporter à l'existence sur le plan mental commençant sur les sous-plans inférieurs pour passer graduellement à des modes d'existence abstraite.

Les quatre cieux de la non-forme dépassent le mental, atteignant le plan buddhique, celui de la Vie, hors des limitations intellectuelles. Il est consolant de voir que cette forme du buddhisme japonais ne conclut pas à l'anéantissement de l'être, mais, au contraire, à son exaltation de par son entrée dans le pur royaume de l'Esprit.

Il serait possible de faire un rapprochement entre les six, dix-sept et quatre cieux et la théorie des globes, rondes, chaînes de l'occultisme contemporain. A cet effet, des schémas seront mis à l'index ; il sera facile de les consulter pour établir les rapports entre les enseignements orthodoxes hindous, les traditions buddhistes et les données ésotériques modernes.

CHAPITRE X

CHAPITRE X

Secte Jaïna.

Il semble utile, avant de terminer ces notes brèves sur les traditions hindoues, de présenter les théories d'une secte philosophique comptant un nombre assez considérable d'adeptes et offrant dans ses enseignements quelques rapports avec les doctrines buddhistes.

Cette secte est celle des Djaïnas, ou Digambaras, moines ascètes marchant dépouillés de vêtements, vêtus par les régions de l'espace, selon le sens de ce dernier nom qu'on leur donne parfois.

Une école moins austère, plus moderne, rattachée à celles des Djaïnas, est vêtue de vêtements blancs, elle est moins considérée que l'ancienne, dont une des pratiques de mortification consiste à s'arracher les cheveux et les poils du corps.

Selon les Djaïnas, l'univers comprend deux catégories ou classes :

1° L'animée (*Jiva*).

2° L'inanimée (*ajiva*).

Ils ne reconnaissent pas de créateur ou providence régulatrice. Ils sont donc athées, se rattachant ainsi à l'Ecole philosophique du Sankhya et aux sectes buddhistes non théistes.

L'univers a pour cause (*Karana*) les atomes, qui ne sont pas distingués en autant de sortes qu'il y a d'éléments.

La terre, l'eau, le feu, l'air sont des composés ou agrégats modifiés d'atomes homogènes.

La première catégorie (*Jiva*) est l'âme intelligente et sensible (*Chaitana Atma* ou *bodâtmâ*).

L'âme est éternelle; elle est revêtue d'un corps, par conséquent, composée de parties.

La deuxième catégorie est tout ce qui n'est pas l'âme vivante. C'est la substance inanimée, insensible (*jada*).

La substance est ce qui procure la jouissance à l'âme, qui est l'être jouissant.

Sept catégories sont reconnues :

I. *Jiva* ou l'âme, comprenant trois espèces :

1° Ame éternellement parfaite.
2° Ame délivrée des liens terrestres.
3° Ame liée, captivée par ses actions (*Karma*).

II. *Ajiva*, l'inanimé, comprenant quatre éléments :

Terre, eau, feu, air.
Ce qui est fixe, immobile (par exemple les montagnes).
Ce qui est mobile (exemple, les rivières).
Cette deuxième catégorie est appelée matière.

III à VII. Les cinq catégories qui suivent sont distribuées en deux classes :

1° Ce qui doit être effectué.
2° Les moyens pour y arriver.

Une classe comprend deux divisions, l'autre trois.
Ce qui peut être effectué est la délivrance, ou la contrainte.

Les trois moyens efficients sont :

III. *Asrava*, ce qui dirige l'esprit incorporé (le *Purusha*) vers les objets extérieurs.

C'est l'activité des organes sensoriels qui sont reliés aux objets sensibles (*Vritti-pravritti*).

C'est aussi l'association du corps accomplissant les actions bonnes ou mauvaises (*Karma* qui suit toutes les œuvres.)

C'est la fausse direction des organes des sens et des objets sensibles pris comme instruments de jouissance.

IV. *Samvara* est ce qui arrête la marche de la catégorie précédente, consistant dans l'action de restreindre les organes internes et externes. C'est le contrôle de soi-même, la vraie direction.

V. *Nirjara*, ce qui emporte les péchés commis et détruit le Karma. Cette catégorie comprend les tapas ou mortifications :

Jeûnes, silence rigoureux, action de se tenir debout sur des pierres brûlantes, de s'arracher les cheveux, les poils du corps, etc.

Ce prédicament est une non-direction vers les objets sensibles.

Ces trois catégories indiquent les moyens pour arriver à ce qui doit être effectué, c'est-à-dire la délivrance, qui comprend deux prédicaments :

VI. *Baddha*, ce qui lie l'esprit incorporé.

C'est l'enchaînement, l'association de l'âme avec les œuvres, amenant la succession des naissances et des morts résultant des actions (*Karma*).

VII. *Moksha* est la délivrance, l'affranchissement des entraves provenant des actes.

C'est l'état de l'âme possédant la vraie connaissance et les qualités requises.

L'âme est délivrée par les moyens enseignés dans les Lois saintes. Elle y parvient par la grâce du Jaïna toujours parfait (première espèce de la première catégorie), celui qui, par une profonde abstraction, est devenu un jaïna ou arhat.

La deuxième espèce de cette classe renferme les âmes tendant à la délivrance mais retenues en bas par les liens corporels. L'âme a une tendance naturelle à s'élever, mais retombe souvent. Elle finit par se dégager et s'élever à la région des âmes libérées grâce à la connaissance de la science droite et des observances pratiquées avec constance.

Les œuvres ou actes sont comptés au nombre de huit, distribués en deux classes de quatre chacune.

Dans la première, sont les actes mauvais, impurs.

Dans la seconde, les actes bons, purs.

La première classe comprend :

1° *Jnanâ-varaniya*, l'erreur consistant à croire que la connaissance des vrais principes ne produit pas la délivrance finale.

2° *Darsana-varaniyâ*, l'erreur de croire que la délivrance ne peut être obtenue par l'étude de la doctrine des Jïnas.

3° *Mohaniya*, hésitation dans le choix des moyens enseignés pour mener à la libération.

4° *Antarâya*, obstacles opposés à ceux qui recherchent la délivrance.

La seconde classe contient :

1° *Védaniya*, conscience intérieure de la possibilité où l'on est d'obtenir la délivrance.

2° *Namika*, conscience individuelle d'un nom (*nama*) que l'on possède.

3° *Gôtrika*, conscience de la race, permettant de se rattacher à des ascendants, à un pays.

4° *Ayouchha*, association avec le corps, la personne ayant une certaine durée de vie.

Un autre arrangement est enseigné reposant sur cinq prédicaments ou catégories :

1° *Jivastikaya*, l'Ame sous ses trois aspects : parfaite, délivrée, enchaînée.

2° *Poudgalastikaya*, la matière, comprenant tous les corps composés d'atomes et embrassant six divisions, les quatre éléments, les objets fixes et mobiles.

3° *Dharmastikaya*, la vertu, ou direction droite des organes. Dharma est pris comme une chose ayant pour effet l'ascension de l'Ame.

4° *Adharmastikaya*, le contraire du précédent. Adharma ou le vice, est cause que l'âme demeure enchaînée par les entraves provenant du corps.

5° *Akashastikaya*, prédicament air, ou espace divisé en deux :

1. *Lokakasa* (1), air ou espace éthéré du monde.

2. *Alokakasa*, espace sans monde.

1. *Lokakasa* est le séjour de l'esclavage, consistant en divers étages (plans), demeures différentes d'êtres non libérés.

2. *Alokakasa*, séjour des âmes délivrées, au-dessus de tous les mondes ou lokas.

C'est le lieu d'où l'on ne revient pas.

Les *Jaïnas* ont encore un autre arrangement, distinguant six substances :

1° *Jiva*, l'Ame.

2° *Dharma*, la Vertu.

3° *Adharma*, le Vice.

4° *Poudgala*, la Matière.

5° *Kala*, le temps (passé, présent, avenir).

6° *Akasha*, une région, un tout.

Les Jaïnas enseignent que le corps et l'âme s'accordent en dimensions. En ce qui concerne la transmigration de l'âme, ils prétendent que sa destinée future est déterminée par les pensées qu'elle a au moment de la mort.

Pour concilier les qualités opposées dans un même sujet, à différents temps, et dans différentes substances aux mêmes temps, les Jaïnas ont sept cas :

1° Ce qui peut être, est.

2° Ce qui peut être n'est pas.

3° Ce qui peut être est et n'est pas, successivement.

4° Ce qui peut être n'est pas prédicable.

5° Ce qui peut être est et cependant n'est pas prédicable.

(1) Les Lokas, Cieux ou mondes du Brahmanisme orthodoxe, sont au nombre de sept, ayant pour contre-partie les sept Talas. Les Lokas représentent l'aspect lumineux, les Talas le côté sombre de l'Univers.

6° Ce qui peut être n'est pas et n'est pas prédicable.

7° Ce qui peut être, est et n'est pas, et n'est pas prédicable.

Ces subtilités ont été combattues par les philosophes orthodoxes védantins, qui les ont traitées de futilités. Ils ont, de même, combattu la doctrine atomistique du Jaïnisme, qui n'est pas en accord avec celle présentée par la philosophie Vaysheshika de Kanada, qui enseigne l'existence d'atomes binaires, ternaires, quaternaires, etc. Cette théorie n'est pas admise par les Jaïnistes ni par les buddhistes, qui ne reconnaissent également que quatre éléments au lieu de cinq.

On voit donc, qu'au point de vue des éléments et des atomes, il y a concordance entre les deux écoles, qui se séparent sur ce sujet des enseignements orthodoxes de l'Inde. De même, pour la négation d'une providence, créatrice et régulatrice du monde.

Les deux grandes catégories du Jaïnisme, l'animée et l'inanimée, correspondent aux deux classes d'objets :

Internes. Conscience Chitta et ses dérivés.

Externes. Bhutas et leurs dérivés.

Le but recherché par l'entraînement des deux Ecoles orientales est la libération, Moksha.

Le Karma, la réincarnation, sont également enseignés.

Cependant, l'affirmation de l'Ame immortelle est plus nette chez les Jaïnistes que dans les écoles buddhistes.

Les trois états de l'Ame : parfaite, délivrée, enchaînée, est également plus claire.

L'Ame parfaite — Jaïna ou Arhat — correspond à l'état de Buddha, avec affirmation de sa continuité personnelle.

La domination de l'Ame sur le corps est obtenue par le tapas.

Ici, la différence est grande avec les enseignements buddhiques, qui recommandent la purification, la modération, mais non l'ascétisme austère pratiqué par les Jaïnistes. Sur cet article, leur doctrine est très spéciale, car leur philosophie repose sur la Volonté qui doit dominer les souffrances corporelles afin de se dégager des liens de la personnalité.

Les Jaïnistes, qui portent aussi les noms de Digambaras, de Tirthankaras, sont connus dans l'Occident sous la dénomination de gymnosophistes. (Sage-nu). Ils eurent une très grande influence, non seulement dans l'Extrême-Orient, où ils demeurent encore maintenant en nombre important, mais aussi dans le Moyen-Orient.

Une tradition rapporte qu'Alexandre, lors de la conquête des Indes, essaya de se les attacher, sans, du reste, y réussir.

Des ascètes de cette secte parcoururent diverses contrées, répandant leurs doctrines en Arabie, Egypte, Ethiopie.

Il semble que Pythagore connut leur philosophie et surtout leurs théories concernant la métempsycose. Leur ascétisme farouche, leur mépris de la douleur, leur stoïcisme, en un mot, paraissent avoir inspiré Zénon, dont la philosophie est en rapport étroit avec les préceptes des gymnosophistes et qui peuvent se résumer dans la culture de la volonté, la négation de la douleur, le mépris du monde sensible.

Leur philosophie est un panthéisme spiritualiste dans lequel chaque âme ou Purusha doit obtenir son propre salut par ses efforts personnels.

C'est l'aide de l'Ame éternellement parfaite qui permet à l'âme enchaînée de rompre les liens qui la retiennent dans les régions inférieures. Sa tendance naturelle à monter n'ayant plus d'entraves, elle devient alors l'âme délivrée.

Ces trois stades paraissent correspondre : 1° à la personnalité inférieure, ou âme enchaînée; 2° à l'individualité spirituelle, âme délivrée; 3° enfin l'Ame parfaite répond à l'Esprit, Atma, ou Purusha, la Monade, principe éternel parfait, au delà de toute modification ou altération.

Par ce qui précède, on voit que l'Ecole jaïniste préconise un idéal très élevé. Si la doctrine n'est pas théiste, elle affirme l'existence de l'Ame et sa perpétuité. Elle prétend mener à la libération par des moyens très durs, qui ne peuvent être mis en pratique par la généralité des hommes. On doit cependant observer que l'ascèse orientale a bien des points communs avec celle de l'Occident, non pour l'entraînement des laïques, mais pour celui pratiqué par les ordres religieux contemplatifs. Les règles de certains d'entre eux ne le cèdent guère, quant aux rigueurs imposées, aux tapas, ou macérations excessives des jaïnistes.

Il existe, en dehors des six grandes Ecoles philosophiques, un assez grand nombre de sectes hérétiques. Il est inutile de les mentionner, car elles se rattachent plus ou moins à ces Ecoles et aux Doctrines du Buddhisme et du Jaïnisme.

Cette succincte revue, destinée à servir l'étude du Buddhisme, permet de voir les analogies et les dissemblances existant entre les traditions ayant cours dans l'Inde et la philosophie enseignée par les disciples de Çâkya-Muni.

Le but unique recherché par toutes les Ecoles est la Libération. Les moyens diffèrent, surtout dans l'adoption ou le rejet des formes religieuses. La reconnaissance ou la négation d'un Dieu, principe suprême du Monde entraînant un culte avec rituel ou l'absence de formes dévotionnelles.

En général, la philosophie religieuse de l'Orient est basée sur un panthéisme, allant de traditions complètement athées, à un panthéisme unitaire admettant une Divinité à laquelle l'homme peut s'unir plus ou moins directement, selon les sectes.

Toutefois, les écoles religieuses enseignent toutes la théorie des émanations successives, plutôt que celle de la création telle qu'elle est admise dans les enseignements de l'Occident. Le rôle de la Divinité, même quand elle est admise, n'est, par conséquent, pas aussi important que celui du Dieu créateur des Races blanches.

La personnalité divine est moins marquée, par suite l'exaltation de l'individu humain est moins nettement enseignée, son sort s'adaptant naturellement à la conception que l'Homme se fait de la Cause Première.

Si cette Cause est l'Unité suprême, libre, consciente, toute puissante, l'Homme reflète ces qualités. Il les perd si la Divinité se confond avec le Kosmos, car il est alors absorbé dans le grand Tout qui a déjà englouti la Cause suprême.

Les deux conceptions répondent à des faces différentes de l'esprit humain :

1° Buddhi, la perception spirituelle dénuée de personnalité consciente;

2° Manas, l'intelligence active, base de la Soi conscience.

Aussi longtemps que ces deux principes seront isolés, l'antagonisme entre les théories panthéistes et créatrices continueront d'exister.

Ce sont là des étapes d'une évolution qui doit arriver à réunir en un tout harmonieux l'Esprit, Atma; Buddhi, l'Ame divine; Manas, l'Ame humaine.

Buddhi, la base formelle d'Atma, est le Graal, la coupe de vie, mais cette divine substance est trop loin des plans matériels pour en pouvoir prendre connaissance. Ce n'est que par l'intelligence active que le contact peut être réalisé entre le monde divin et les plans inférieurs. Par Manas, Buddhi devient conscient, tout en conservant la base stable de l'individualité, qui repose sur l'intelligence, réalisant le Soi, le non soi et le rapport entre les deux.

Les méthodes d'entraînement qui négligent l'aspect réalisateur du mental, mènent à une fusion avec le tout qui est, en réalité, un nirvâna vraiment négatif où l'homme ne se retrouve plus. Par contre, celles basées sur la culture intensive du mental aboutissent au maintien d'une individualité stable, mais dépourvue de spiritualité.

Demeurant sur les plans formels du monde, l'homme s'identifie avec les représentations des choses qui peuplent son mental. Ces créations de sa pensée, qu'il perçoit subjectivement, n'ont pas de réalité véritable.

Provenant des données sensorielles, elles ne participent pas de la vie qui est au delà de toutes représentations et limitations, quelles qu'elles soient.

L'Oriental confond Dieu avec la Nature.

L'Occidental anthropomorphise la Divinité.

Le premier risque de perdre son individualité dans une Nature dont la Synthèse intelligible mais non formelle, existe peu ou pas — en tant que cause créatrice — douée de volonté et de toute puissance.

Le second conserve une forme personnelle dans un Dieu qu'il a fait « à son image » oubliant que sa ressemblance réelle avec Dieu consiste dans son principe suprême, l'Esprit immortel, non dans ses enveloppes périssables.

A certains points de vue, les deux grandes Ecoles qui se partagent le monde ont du vrai.

Il s'agit seulement de savoir quel aspect est considéré, sur quel plan le problème est posé. Ce n'est que par l'étude approfondie de théories qui semblent fort différentes, à première vue, qu'une meilleure compréhension pourra amener un rapprochement, une fusion, qui est une nécessité si l'on veut espérer en l'unification spirituelle de l'humanité.

CHAPITRE XI

CHAPITRE XI

Récapitulation et textes sacrés.

Ayant exposé, aussi clairement que possible, vu la diversité des sectes et des enseignements, l'ensemble du buddhisme, quelques textes complémentaires seront donnés permettant d'entrer plus avant dans l'esprit de la doctrine.

EXTRAITS.

« Comme le sel est l'odeur de la mer, la seule odeur de la vraie doctrine est la délivrance.

« Ouvrez vos oreilles, ô moines, la délivrance de la mort est trouvée.

« C'est ton Atman, le meneur intérieur, en dehors de lui il n'est que douleur.

« Rien n'existe, n'existera jamais en dehors de l'intelligence suprême de l'Etre unique, lequel étant seul paraît multiple par le fait de l'illusion.

« Quand luirai-je sur les hauteurs sans me connaître et sans éclairer? » (*Acaranga-Sutra.*)

Comparer avec « Ce qui est toute lumière n'a pas besoin de voir » (Plotin).

« Par delà le Brahma masculin dont l'espace est le corps, dont la vie est l'énergie de l'univers, plane le Brahman neutre, l'existence sans existence, l'étendue sans étendue, le sujet sans objet, le penseur qui ne pense pas, le voyant qui ne voit pas, soleil solitaire qui, ne recevant pas la lumière parce qu'il est toute lumière, l'émet sans la connaître, de sorte qu'on peut aussi bien l'appeler la nuit que la lumière. »

Ce passage est tiré des *Sanctuaires d'Asie*, de Chevrillon.

Il s'applique au brahmanisme, mais peut aussi être adopté à la philosophie buddhiste du vide.

« Le Nirvâna est la place sûre, heureuse et paisible qu'atteignent les grands sages.

« L'être est une flamme dans une mer de flamme (*Samyatta Nikâya*).

« Nirvâna est le séjour où il n'y a ni lieu, ni eau, ni lumière, ni air, ni infini de l'espace, ni infini de la raison.

« A la fois soleil et lune, on l'appelle ni aller ni venir, ni s'en aller ni rester, ni mort ni naissance.

« Sans origine, sans progrès, sans arrêt, c'est la fin des douleurs. » (*Udana.*)

« La brise est le corps; éteinte est l'imagination, les sensations sont toutes évanouies, les formations ont trouvé relâche, la connaissance est rentrée dans le repos. » (*Udana.*)

« Le Nirvâna est-il l'anéantissement? Oui, mais cette cessation est celle du désir, de l'ambition du devenir, de la naissance, de la vieillesse, de la mort, de la souffrance. » (*Malinda-Panha.*)

« On dit que la doctrine du sublime est celle de l'anéantissement. J'enseigne, en effet, l'anéantissement de l'égoïsme, de la luxure, des mauvais sentiments et de l'erreur. » (*Mahavagâya.*)

« L'illusion cesse, la réalité demeure, car le Bienheureux n'est pas venu enseigner la mort, mais apprendre la vie. » (*Lankavatara Mahagâna.*)

« La foi est la graine, la volonté la pluie bienfaisante.

« Les mauvaises herbes que je détruis sont les attaches de l'existence. La sagesse est ma charrue, la persévérance la pousse, et la moisson que je récolte c'est le nectar immortel du Nirvâna. » (*Sutta Nipata.*)

« Tu n'as pas le droit de dire : J'entends la doctrine prêchée par le sublime en ce sens qu'un moine tombe en partage à l'anéantissement, qu'il disparaît, qu'il n'existe pas au delà de la mort. » (*Samyatta Nikâya.*)

« La délivrance est pareille au bois de Santal, par nature, solide et durable. » (*Paranirvâna Sutta*.)

« Le Bienheureux est rentré dans le vide qui est l'état dégagé de toute apparence intellectuelle ou sensible.

« Quand le monde, plongé dans le vide, sort de l'abstraction, les êtres qui ne sont pas parvenus au Nirvâna reparaissent, les autres demeurent dans l'absolu.

« Le vide est l'état de repos et d'abstraction, en dehors des phénomènes de l'être.

« Le Nirvâna est la réalité supérieure de la chose en soi.

« C'est la pensée qui nous a créés. Ce que nous sommes est l'œuvre de la pensée. Si l'homme entretient dans son esprit des pensées mauvaises, la souffrance arrive, telle la roue après le bœuf.

« Tout ce que nous sommes, nous l'avons voulu et pensé.

« Nos pensées nous construisent et nous façonnent.

« Si l'homme, avec persévérance, nourrit des pensées pures, la joie le suivra aussi fidèlement que son ombre.

« Jamais, en aucun lieu, en aucun temps, la haine n'a cessé par la haine.

« C'est toujours par l'amour que cesse la haine, par l'amour seulement, telle est l'antique loi. » (*Dhammapada*.)

Ces diverses citations permettent de terminer cette étude sur la grande Religion philosophique de l'Orient, par une note moins pessimiste qu'on pouvait le craindre d'après certains textes indiqués au cours de cet ouvrage.

D'après ces citations, il est possible de conclure que l'Individu n'est pas la véritable et ultime essence, mais sa manifestation phénoménale, dans l'espace et dans le temps.

L'essence est au-dessus des manifestations.

Le Nirvâna est donc l'état suprême d'existence, l'état de spiritualité absolue, bienheureuse, libre, l'omniscience au delà de toute limitation.

C'est la conscience transcendantale.

Ce point de vue est celui de l'école Mahayana (buddhisme du Nord) dont les disciples reconnaissent dans le Nirvâna non seulement l'extinction de l'Illusion, mais l'acquisition de la Vérité, et l'Illumination suprême.

Pour l'école Hinayana, le Nirvâna prend l'aspect négatif de l'extinction du Moi.

C'est pourquoi l'Ecole du Nord est plus en rapport avec la mentalité européenne, car elle reconnaît, au-dessus de la fausse conscience, la réalité divine, éternelle, le Tout, sans conscience, parce qu'il est la conscience, l'Intelligence infinie.

La proposition du Buddhisme thibétain, qui consiste à reconnaître une nature unique, absolue, immanente (*Bhuta Tathata*) et à proclamer qu'en Elle existent la Pensée et la Matière qui, toutes deux réunies constituent le Grand Principe primordial, est en rapport avec la philosophie occidentale.

Ce principe est l'équivalent de la Substance de Spinoza, du Moi absolu de Fichte. C'est l'Idée absolue d'Hégel, la Volonté de Schopenhauer.

Cette réalité unique est au-dessus de l'espace et du temps, qui sont toujours étrangers à la chose en Soi, et ne se rapportent qu'à l'apparence des phénomènes.

Là où il n'y a ni temps, ni espace, il ne peut y avoir multiplicité et, comme le dit Schopenhauer, l'essence du Monde se résout en l'Unité.

Le Nirvâna est le retour à cette Nature infinie, unité dans laquelle se fondent les Individualités participant du Grand Tout, sans cependant perdre l'essence de leur être, qui demeure à jamais dans la béatitude et la Paix.

« Où est-ce que l'eau, la Terre et le Feu n'ont plus d'assises? Où cessent le Nom et la Forme? »

« Dans la conscience invisible et infinie. »

QUE TOUS LES ETRES SOIENT HEUREUX.

CHAPITRE XII

CHAPITRE XII

Appendice.

INDE

LIVRES SACRÉS   **PHILOSOPHIES**

Livres révélés, *Shrouti*.
Livres de tradition, *Smriti*.

INDE VÉDIQUE

Shrouti

Chatur Véda (quatre Védas).
Rig Véda (Hymnes).
Sama Véda (Chants).
Yajur Véda (Paroles rituelles).
Atharva Véda (Incantations).
Chaque Véda contient trois parties :

1. Mantra Samhita : Sentences, rythmes, phonétique.
2. Brahmanas : Prières.

BRAHMANISME

3. Aranyakas : Livres forestiers;
   Upanishads : Métaphysique, brahmanisme philosophique.

BRAHMANISME SACERDOTAL.

Smriti.

Dharma. — Shastra.

Traités des lois.

AUTEURS :   TRAITÉS :
Manu-Manava   *Dharma Shastra.*
Yojnavalkya.   *Smriti.*
Shankha.   *Likhita Smriti.*
Parashara.   *Smriti.*

PURANAS, CINQUIÈME VÉDA.

(Récits de choses anciennes.)

Se rattachent aux Bramanas des Védas, Cosmogonie, mythologie. Dix-huit Puranas divisés en trois groupes :

Premier groupe : Rajasique (Bhrama).
Deuxième groupe : Sattvique (Vishnou).
Troisième groupe : Tamasique (Shiva).

TANTRAS.

Livres magiques (Culte des Shaktis).

HISTOIRE — ITIHASA

Poèmes épiques.

Auteurs :	Poèmes :
Valmiki.	*Ramayana.*
Krisha noir.	
Draïpayana.	*Mahabharata.*
Véda Vyasa.	*Bhagavad Gîtà.*

LES SIX MEMBRES (Shad Angani ou Védangas).

Sciences, lettres, grammaire, étymologie, poésie, astronomie, astrologie, médecine, géométrie, lois, mœurs.
Sous forme de Sutras, avec commentaires.
Les Védangas, membres complémentaires des Védas :

Shiksha, phonétique.
Kalpa, rituel.
Vyakaranam, grammaire.
Niruktam, philologie.
Chhandah, prosodie.
Jyotisham, astronomie.

LES SIX POINTS DE VUE
OU SYSTÈMES PHILOSOPHIQUES

(Shad Darshanani).

Développement des Upanishads, tirés du Rig, du Yajur de l'Atharva-Véda.

Sous forme d'aphorismes (Sutras) et de commentaires (*Bashyam*).

But unique des six philosophies :

LA LIBÉRATION.

Les six systèmes forment un ensemble progressif, allant de la matière à l'esprit et ensuite à la connaissance de Dieu.

Les Shad Darshanani sont divisées en deux groupes :

MATIÈRE. — ESPRIT.

Groupe matière : Prakriti.

1° Vaysheshika, matière atome.
2° Nyaya, raison, logique.
3° Purva Mimausa, action Karma-Dharma.

Groupe esprit : Purusha.

1° Sankhya, l'Esprit Purusha et les vingt-quatre catégories (Prakriti).
2° Yoga, évolution intellectuelle.
3° Uttara Mimausa, métaphysique ou Védanta.

GROUPE PRAKRITI.

Vaysheshika.

Tamas.

1° *Vaysheshika*, fondateur : Kanada.
Doctrine atomique, les sept catégories :

1° La substance (contient neuf subdivisions).
2° Les qualités (Gunas).
3° Les actes (Karma).
4° Communauté entre les Gunas.
5° Particularités entre les neuf substances.
6° Relations entre une substance et ses propriétés.

Nyaya.

Rajas.

2° *Nyaya*, fondateur : Gotama.

Doctrine du raisonnement logique.

Inférence, induction, déduction, témoignage.

Perception sensorielle (*Pratyakkcha*).

Déduction (*Anumana*).

Comparaison (*Oupamana*).

Témoignage digne de foi (*Saddha*).

Syllogisme (*Adikarana*).

Syllogisme.

Proposition (*Pratijna*).

Raison (*Hétou*).

Exemple (*Oudaharana*).

Application (*Oupayana*).

Conclusion (*Nigamana*).

Exemple classique du syllogisme :

Proposition :

Il y a du feu sur la montagne.

Raison :

Car elle fume.

Exemple :

Où il y a de la fumée, il y a du feu.

Application :

Or, elle fume.

Conclusion :

Donc, il y a du feu sur la montagne.

PURVA MIMANSA.

Sattva.

3° *Purva Mimansa*, fondateur : Djaimini.

Doctrine de l'Harmonisation. Karma-Kaudam. (Karma.)
Dharma. Réincarnation. Science des cérémonies, établis-

sant des relations entre le monde visible et les mondes supérieurs.

GROUPE PURUSHA.

SANKHYA (JNANA).

1° *Sankhya,* fondateur : Kapila.

Système athée Anishwara sans Ishwara. Conscience individuelle : le Purusha. Les vingt-quatre catégories de la Nature. Science de l'évolution du monde sous forme de dualisme :

Purusha	Prakriti.
Le Spectateur.	Les vingt-quatre catégories.
Subjectif.	Objectif.

Les vingt-quatre catégories :

1. *Prakriti*
2. *Buddhi*, la Raison.
3. *Ahamkara*, le Je.
4. *Manas*, l'Intellect.

Les 10 *Indriyanis :*

5. Cinq *Jnanendriyanis* (organes sensoriels).
5. Cinq *Karmendriyanis* (organes moteurs).
5. Les cinq *Tanmatras* (rudiments subtils).
5. Les cinq *Bhutas* (éléments matériels).

L'évolution du *Purusha* se fait grâce à l'évolution de la matière qui reflète ses trois attributs.

PURUSHA (*Esprit*).

Soi conscience en évolution, trois attributs :
Immutabilité ou Vie.
Intelligence, pouvoir de conscience.
Activité, pouvoir d'action.
Les Purushas sont multiples.

PRAKRITI (Matière).

Trois tendances ou attributs : *Traïgunyam.*

Tamas	*Sattva*	*Rajas*
Inertie	Rythme	Activité

Définition du système :

Enumération par laquelle le sage parvient à distinguer les degrés qui conduisent à la perfection.

Découverte de l'âme par le moyen d'une exacte distinction.

YOGA. KRIYA.

2° *Yoga*, fondeur : Patanjali.

Système théiste, *Sesihwara*, avec *Ishwara.*

Science de l'évolution intellectuelle appuyée sur la science de l'évolution du Sankhya, mais reconnaissant le Purusha universel, fruit d'évolutions passées.

Purushottama ou *Aum.*

Le Yoga est un système d'efforts intellectuels : méditation, concentration, accompagnés d'exercices respiratoires spéciaux et de postures particulières. L'entraînement développe les sens internes et amène l'éclosion des Pouvoirs (*Siddhis*).

Buts : 1° Union. Samadhi, équilibre, stabilité de l'intellect.

2° Libération des liens de la matière (*Kaivalya*, isolement).

Celui qui atteint la libération se remet entre les mains du Seigneur Ishwara.

UTTARA-MIMANSA OU VÉDANTA
ICHCHHA.

3° *Uttara-Mimansa*, fondateur : Vyasa.

Science de l'abstrait, Unité métaphysique Paramatma. Le Soi universel, seule Réalité.

Identité de l'âme humaine avec Paramatma (Monisme).

Brahma Vidya, connaissance de Dieu.

Le Védanta (fin des Védas) a pour but suprême la connaissance de Dieu qui délie l'homme de tout Karma.

La métaphysique de cette Ecole philosophique est basée sur les Aranyakas (livres forestiers) et les Upanishads.

Il y a trois Ecoles dans le Védanta :

1° *Dvaïta* (avec différence).

2° *Vishishtavaïta* (avec moindre différence).

3° *Advaïta* (sans différence).

DVAITA.

L'Ecole Dvaïta (commentateur Madhva) enseigne une séparation, une distinction entre le *Jivatma* (le Soi incarné) et *Paramatma.*

Vishnu est la Divinité suprême, cause efficiente de l'univers, qu'Il a formé à l'aide de Prakriti, déjà existante, mais inerte, les trois Gunas étant inactives.

Vishnu et Prakriti sont éternels ainsi que Jivatma. Ces deux derniers dépendent de Vishnu.

Le Jiva immatériel est différent de Vishnu. Chaque Jiva diffère des autres Jivas.

Il peut atteindre la libération, qui a quatre degrés :

1° Similarité avec la forme divine.

2° Vision de la présence divine.

3° Proximité de Dieu.

4° Union avec Dieu, non par identité de nature, mais par participation.

VISHISHTAVAITA.

L'Ecole Vishishtavaïta (commentateur Ramanujacharya), enseigne la dualité, mais avec moindre différence.

Brahma Saguna (avec attributs) est la réalité la plus haute.

Les âmes procèdent de Brahma, sont une partie de Lui, mais en sont séparées.

Pendant les périodes d'activité, les âmes sont en manifestation dans l'univers objectif.

Dans les périodes de repos, tout rentre en Brahma.

L'homme qui adore Brahma et qui s'appuie sur Lui peut obtenir l'union avec la Divinité sous forme de participation.

ADVAITA.

L'Advaïta (fondateur Shri Shankharacharya) ne reconnaît plus de dualité.

« Tu es Cela » (l'âme universelle) (*Tat Swan Asi*).

Brahma Nirguna (sans attributs) seul est réel.

Jivatma et Paramatma sont identiques.

Maya (l'illusion), *Avidya* (l'ignorance) sont causes de l'erreur qui fait croire à leur différence entre l'Ame universelle et l'âme individuelle.

La cause et l'effet sont de même nature. La non-réalité a pour base la réalité.

L'illusion de la séparativité vient des vêtements (*upadhis*), enveloppes, limitations matérielles en rapport avec les limitations de la conscience.

Cessant de s'identifier avec ses vêtements, ou corps, l'homme se reconnaît comme étant l'Ame universelle.

Il y a deux connaissances de Brahman :

Apara Vidya, par les sens.

Connaissance du phénomène (Brahma-Saguna).

Para Vidya, par le mental.

Connaissance du noumène (Brahma-Nirguna).

La diversité des choses est une illusion, la seule réalité est l'Ame.

ENSEIGNEMENT
DES SIX ECOLES DE PHILOSOPHIE

1° La première Ecole enseigne la connaissance du monde.

2° La deuxième, le développement de la raison et du jugement.

3° La troisième met l'homme en rapport avec les forces hyperphysiques et lui enseigne les Lois du Devoir, de l'Action et de la Réincarnation.

4° La quatrième l'évolution individuelle du Purusha, grâce à l'évolution de Prakriti.

5° La cinquième est la science du développement individuel par l'intellect.

6° La sixième enseigne à l'homme :

1° A se rapprocher de Dieu dont il est séparé.

2° A s'unir à Dieu dont il est une partie séparée.

3° A connaître qu'il est Atma, l'Ame universelle.

L'évolution humaine part de la simple conscience d'être. Elle doit parcourir tous les stades possibles de soi-conscience sur les différents plans et atteindre finalement la base permanente de l'être : Atma.

Deux voies mènent à la connaissance d'Atma :

1° Celle de la Matière (*Prakriti*). Elle répond aux trois premières Ecoles.

2° Celle de l'Esprit (*Purusha*), en rapport avec les trois dernières Ecoles.

Ce bref exposé des philosophies orthodoxes hindoues permet d'établir des rapports entre ces six écoles et les enseignements buddhiques.

GROUPE PRAKRITI.

A la première, ont été empruntées, avec certaines modifications, les théories concernant la constitution matérielle du monde.

A la deuxième, le raisonnement logique, la déduction des nomenclatures buddhiques.

A la troisième, les théories concernant le Dharma, le Karma, la réincarnation.

GROUPE PURUSHA.

A la quatrième, certains enseignements se rapportant aux Bhutas, dont quatre sur cinq sont admises sous le même nom, et ce qui se rapporte aux Bhutas, sous le nom de Bhautikas.

La conscience et ce qui en dérive : Chitta et Chaitta, correspondent aux catégories 2, 3, 4 du Sankhya. On peut y adjoindre les cinq Jnanendriyanis et les cinq Karmendriyanis si on les considère sous l'aspect conscience (perception) ou réflexes venant de la conscience. Il s'agit alors de ce qui dérive de Chaitta et se rapporte aux rudiments subtils ou tanmatras.

Si on prend les organes sensoriels et moteurs au point de vue matériel, c'est-à-dire organique, on a alors affaire aux bhautikas.

Quant aux Bhutas, il n'y a pas de différence dans les deux doctrines, sauf la non-reconnaissance de l'éther par les buddhistes.

A la cinquième Ecole, le buddhiste se rattache par certaines formes de l'entraînement menant à l'union.

Les états de méditation ont beaucoup de rapports. Cela est forcé, les modifications internes sont toujours les mêmes, mais le buddhisme a porté l'abstraction beaucoup plus loin que le Yoga. De plus, il ne reconnaît pas Ishwara et n'enseigne pas l'union par participation avec la divinité, cela tout au moins pour l'enseignement du Hinayana. Car on a vu, au cours de cette étude du buddhisme, que les sectes rattachées au Mahayana se rapprochent du théisme et ont, par conséquent, plus de rapports avec la philosophie du Yoga.

Enfin, les deux premières subdivisions du Védanta sont plus éloignées du buddhisme que le Yoga, et surtout que l'Advaïta, car ces deux écoles sont particulièrement dévotionnelles.

La troisième subdivision, celle de l'Advaïta, a, tout au contraire, des rapports étroits avec le buddhisme. Etant entièrement métaphysique, elle s'apparente forcément à la philosophie abstraite du Hinayana. L'Intelligence absolue Gnân, et la lumière de l'Intelligence, Amitabbha Buddha, peuvent être considérées comme analogues.

Mais cependant, la persistance de l'être paraît plus assurée dans l'Advaïta.

« Tu es Cela » laisse supposer que quelque chose demeure de l'homme, tandis que les théories du Hinayana font plutôt croire le contraire. Il faut d'ailleurs remarquer que les enseignements du Mahayana s'éloignent beaucoup de l'Advaïta, aussi bien par leurs tendances religieuses que par les traditions du folklore et les théories des livres tantriques qui font partie du grand vaisseau de salut.

Pour la périssabilité des choses, les buddhistes ont seulement poussé à l'excès les enseignements de l'école Vayshéshika. Enfin, la fameuse théorie du Vide leur appartient exclusivement. Elle se rattache, en un certain sens, à la doctrine de la périssabilité ou de la non-existence des choses, mais elle a été développée beaucoup plus complètement dans les Ecoles du Buddhisme que dans les enseignements orthodoxes de l'Inde.

Constitution occulte de l'Homme.

PRINCIPES. ENVELOPPES. CORPS

(Tableau synthétique.)

	BUDDHISME	VEDANTA	TARAKA RAJA YOGA
1.	Sthula Sharirâ.. / Corps grossier..	Anna Maya Kosha. / —	
2.	Prana ou vitalité.	Prana Maya Kosha.	Sthulopadhi.
3.	Linga Sharirâ. . / Corps éthérique.	— / --	
4.	Kama Rupa . . . / Corps astral . .	Mano Maya Kosha. / --	
5.	Manas inf. ou . . / Mental concret .	-- / —	Suksmopadhi.
	Manas sup. ou . . / Mental abstrait .	Vijnana Maya Kosha. / —	
6.	Buddhi	Ananda Maya Kosha.	Karanopadhi.
7.	Atma	Atma.	Atma.

Ce tableau, provenant de la *Doctrine Secrète* de H. P. Blavatsky, se rapporte à la constitution occulte de l'homme selon trois écoles différentes.

Le buddhisme compte sept principes (le terme Atma est mis pour le principe suprême, l'Esprit).

Le Védanta enseigne l'existence de cinq Koshas, gaines ou enveloppes, qui comprennent en réalité les sept principes des buddhistes.

Le Taraka Raja Yoga indique trois corps (*upadhis*) permettant d'agir dans les trois mondes de l'évolution humaine :

Monde physique.

Monde astral.

Monde mental.

Ces trois corps forment trois groupes.

CORPS GROSSIER.

Le premier renferme les éléments physiques et éthériques.

CORPS SUBTIL.

Le deuxième comprend les éléments psychiques correspondant à la sensibilité et à l'intellect.

CORPS CAUSAL.

Le troisième répond au principe buddhique et à l'œuf aurique, le Hiranyagarbha. Le terme ultime pour les trois Ecoles est Atma, l'Esprit, la Monade de l'homme.

A noter que la classification du Raja Yoga est très ésotérique en ce sens qu'elle cite ce que l'on appelle le Grand Corps Causal, le véritable corps de vie, ou œuf d'or, dont il n'est guère fait mention ordinairement.

On désigne le corps mental supérieur sous le nom de Karana Sharira. Il correspond au Vijnana Maya Kosha des védantins et au Manas supérieur des buddhistes. Mais ce n'est pas l'élément de vie, ce titre appartient à Buddhi seulement, de par son union avec Atma, auquel il est indissolublement rattaché. C'est pourquoi on appelle Atma-Buddhi le Double Dragon.

Ces distinctions entre les éléments subtils de l'homme sont très importantes quand on veut considérer les diverses solutions proposées au sujet du destin final de l'être libéré du Karma, c'est-à-dire n'étant plus soumis à la Réincarnation.

Si on prend l'ensemble des principes psychiques répondant au Kama-Manas, évidemment ils ne sont pas immortels en tant que constituant un être spécialisé.

Ces principes, organisés en enveloppes (*Védanta*), en un seul corps subtil (*Raja Yoga*), ne peuvent avoir un autre destin que celui de toute forme soumise à la naissance, par conséquent à la mort. Ici, le buddhisme a raison de dire que le Moi est éphémère, que même le Soi n'est pas doué d'immortalité, à condition que ce Soi représente uniquement le Mental.

Mais, lorsqu'il s'agit de Buddhi, il en va tout autrement, ce principe étant directement imprégné par la Vie de l'Esprit, ne peut en être détaché. Il participe donc de la Vie éternelle d'Atma. C'est par Buddhi que l'homme peut conquérir son immortalité; par contre, c'est grâce à ses efforts que Buddhi devient conscient, lorsque le Manas supérieur s'unit au principe de Vie.

On peut dire que sans Buddhi, pas d'immortalité.

Sans Manas, pas de conscience personnelle.

L'entraînement tend, tout d'abord à libérer l'homme du principe kamique qu'il doit dominer.

Ensuite, le Manas inférieur, cessant d'être attiré par les jouissances du plan kamique, est uni au Manas supérieur, et forme avec lui une seule conscience intellectuelle, dominant les éléments inférieurs de l'homme.

Enfin, cette conscience purifiée, devenue soi-conscience active sur le plan mental tout entier, est unie à Buddhi, gagnant ainsi le principe de vie qui lui manquait jusqu'alors, car Manas est seulement élément de représentation, analytique dans la première phase de son développement, synthétique dans la seconde.

Lorsque l'union entre les deux termes basiques de la Trinité spirituelle est accomplie, le terme supérieur est forcément atteint par la conscience puisque Buddhi ne peut être séparé d'Atma.

Il faut donc étudier ces données concernant les principes occultes de l'homme, et les appliquer aux différentes théories concernant les fins dernières.

On arrive alors à comprendre certains passages qui paraissaient être en contradiction, tandis que ne se rapportant pas aux mêmes éléments, ils ne pouvaient fournir des solutions identiques.

Cosmogonie orientale.

Chaînes. Rondes. Globes.

Les diverses Écoles d'occultisme moderne : théosophie, Rose Croix, anthroposophie, présentent un système d'évolution comprenant une série de chaînes, composées de globes, sur lesquels l'humanité passe en accomplissant des cercles ou rondes.

Les chaînes sont composées de sept globes de densités différentes.

On peut considérer ces globes comme étant séparés ou s'interpénétrant, les plus subtils dépassant en volume les plus denses.

L'homme passe, dans son évolution, de globe en globe, de chaîne en chaîne.

Chaque tour complet, comprenant sept globes, s'appelle une ronde.

Sur chaque globe, l'homme possède un corps en rapport avec la densité matérielle du globe.

Les sept globes composant une chaîne ont un globe central, le quatrième, qui représente l'état le plus matériel de la chaîne.

Les sept globes sont désignés par les lettres A, B, C, D, E, F, G.

Les trois globes de l'arc descendant correspondent aux trois globes de l'arc ascendant.

L'état de densité d'une chaîne peut comprendre :

Descente :

Première chaîne, du plan atmique au plan mental concret.

Deuxième chaîne, du plan buddhique au plan astral.

Troisième chaîne, du plan mental abstrait au plan éthérique.

Intermédiaire :

Quatrième chaîne, du plan mental concret au plan physique.

Remontée :

Cinquième chaîne, du plan mental abstrait au plan éthérique.

Sixième chaîne, du plan buddhique au plan astral.

Septième chaîne, du plan atmique au plan mental concret.

L'ensemble des sept chaînes constitue un système planétaire.

Sept systèmes planétaires forment un système solaire. Il est admis qu'il peut y avoir plus de sept systèmes planétaires, mais tous rentrent dans les sept types primordiaux répondant au septénaire sacré.

Sur chaque chaîne, l'homme accomplit sept rondes, s'adaptant, quant à ses enveloppes ou corps, à l'état matériel des globes sur lesquels il évolue.

Si l'on tient compte de ce que les plans comportent chacun sept sous-plans, allant de l'état atomique du plan aux combinaisons de plus en plus complexes représentant l'état dense de ce plan, on comprendra que des conditions infiniment variées sont offertes à l'évolution humaine.

Il est enseigné que l'état présent représente la quatrième chaîne, que la Terre (globe D de cette chaîne) est habitée par une humanité ayant accompli déjà trois rondes dans la chaîne ; elle est présentement dans la quatrième Ronde. On voit donc que l'homme est arrivé au point critique de son évolution totale, celui qui précède la remontée vers l'état spirituel.

On doit noter encore que, durant son séjour sur chaque globe, l'homme passe par sept états différents appelés Races-Mères comprenant chacune sept sous-races. Il est maintenant au stade de la cinquième Race-Mère, cinquième sous-race.

Ces enseignements, trouvés avec quelques différences, mais avec beaucoup d'analogies, dans l'ésotérisme contemporain, font partie de la tradition dite archaïque, conservée jalousement dans le secret des temples initiatiques du passé, mais divulguée publiquement maintenant.

Les Puranas de l'Inde contiennent beaucoup d'allusions à ce système. On en trouve également dans la Kabbale (les Rois d'Edom).

Quel que soit le fond de vérité qu'il renferme, on ne peut s'empêcher de le trouver intéressant et cohérent.

Il est possible d'appliquer les définitions minutieuses du buddhisme japonais, concernant les degrés d'ascension menant au Nirvâna, comme se rapportant aux possibilités d'existence sur les chaînes, globes, rondes, races, du système archaïque.

C'est pourquoi il a paru utile d'en donner un bref exposé, permettant de classer les 6, 17 et 4 cieux japonais dans les cadres indiqués ci-dessus.

États de matière et états de conscience.

TATTVAS ET TANMATRAS.

Enfin, une dernière explication concernant les états matériels ou Bhutas en rapport avec les états de conscience (*Chitta*) et leurs dérivés, complétera cette courte revue placée en appendice afin de faciliter les recherches des étudiants.

Le tableau ci-contre permet de placer les sept principes de l'homme en rapport avec les Bhutas, Jnanendriyas et Karmendriyas. Il y est fait mention de l'éther, non reconnu par les buddhistes, et de deux états supérieurs à l'éther : Flamme divine et Akasha, correspondant à Buddhi et à Akasha. Ce dernier élément représente le plan atmique, celui de l'Esprit. Atma, Buddhi, Manas supérieur, forment la triade spirituelle ou Homme céleste, la pointe du triangle, ou Atma, est la Monade humaine.

Manas inférieur, Astral, physique sont les trois principes constituant la triade inférieure de l'homme physique.

Cette triade devient un quaternaire grâce au dédoublement des éléments physiques en corps dense et corps éthérique.

Organes d'action	Karmendriyas	Génération oupastha	Mains Pani	Pieds Pada	Evacuation Payou	Parole Vâch	Ame	Esprit	Physique	Ethérique Ame végétative dense Corps physique
Organes de sensation	....	Nez	Langue	Yeux	Corps Peau	Oreilles	Corps astral et cœur	Lumière de Kundalini	Astral	Ame sensitive
Conscience	Jnanendriyas	Perception objective	Perception instinctive	Perception magnétique	Perception psycho-physio-logique	Perception mentale	Perception spirituelle	Perception aurique	Manas inférieur	Ame animale
Sens	Tanmatras	Odorat Gandha	Gout Rasa	Vue Rupa	Toucher Sparsha	Ouïe Shabda	Entendement spirituel	Sens synthétique	Manas supérieur	Manushis Buddhas Nirmana-Kayas Ame humaine
Principes	....	Corps	Image astrale	Kama	Manas inférieur	Manas supérieur	Buddhi	Aura atmique	Buddhi	Bodhisatvas Sambhoga-Kayas Ame divine
Eléments	Bhutas	Terre Prithivi	Eau Apas	Air Vayou	Feu Agni	Ether	Flamme divine	Akasha	Atma	Dhyanis Buddhas Dharmakayas Esprit

Tableau tiré de la *Doctrine Secrète*, de H. P. Blavatsky.

Note. — Le tableau est à lire en quatre sens :

1° Verticalement; ex. : Eléments à Akasha;
2° Horizontalement; ex. : Eléments à Organes d'action;
3° Verticalement; ex. : Atma à Esprit;
4° Horizontalement; ex. : Atma à Physique.

Les deux dernières divisions correspondent aux principes de l'homme.

Le tableau comprend :

1° Les Bhutas et leurs dérivés (*Bhautikas*).

2° Chitta et ses dérivés (*Chaittas*).

Les Bhutas et les Bhautikas représentent le côté des éléments matériels ayant pour fondement les tattvas.

Des Bhautikas proviennent les corps et organes.

Chitta, la conscience, correspond aux tanmatras ou rudiments subtils.

Les dérivés de la conscience (*Chaittas*) sont les possibilités de perception répondant aux Jnanendriyas, aspects subjectifs des organes sensoriels objectifs.

Les organes d'action (*Karmendriyas*) dépendent, quant à leur mise en activité, de la conscience directrice centrale. Leur fonctionnement physiologique provient de l'aspect matériel des éléments dont ils proviennent, les Bhautikas, dérivés des Bhutas, réalisation des tattvas.

Correspondance entre les sept principes de l'homme et les sept principes de l'univers.

	THIBÉTAIN	SANSCRIT	PRINCIPES DE L'HOMME
1.	A — Ku	Rupa.	Corps.
2.	Zer	Jivatma.	Principe vital.
3.	Chhin	Linga Shawri.	Corps astral.
4.	Nga-Zhi	Kama Rupa.	Forme de la volonté.
5.	Ngi	Linga Deha.	Ame animale.
6.	Lana	Atma ou Mayavi - Rupa.	Ame spirituelle.
7.	Hün Dhub	Mahatma.	Esprit.
1.	Sien-Chan. Univers animé : La terre.	Brahm — Matière Prakriti - Lyam : La terre.	Univers. Matière organisée. Esprit vivificateur.
2.	Zhinhna.	Purusha.	Atmosphère astrale cosmique.
3.	Yor-wa	Maya-Akasha.	Volonté cosmique.
4.	Od-Lumière astrale.	Vach.	Illusion universelle
5.	Nam Kha	Yajna.	Mental.
6.	Kon-chhog	Narayana, esprit planant sur les eaux.	Universel.
7.	Nyang.	Svayambuva.	Esprit latent Aïn-Souph.

Classification thibétaine.

Dans l'enseignement thibétain, la matière cosmique (*Zhi-gyn*), l'espace (*Thog*), la durée (*Nyng*), le mouvement (*Khonwa*), sont une seule chose. La classification sanscrite doit être étendue ainsi que suit :

HOMME.

Rupa, la forme.
Jivatma, la vitalité solaire. Prana.
Kama Rupa, corps du désir.
Linga deha, âme astro-mentale.
Atma ou *Mayavi Rupa*, âme spirituelle, le *Hiranya-garbha* (œuf d'or).
Mahatma, esprit ou grande âme.

UNIVERS.

1. *Brahm Prakriti*, le tattva *Prithivi* ou la Terre.
2. *Purusha*, la vitalité, *Prana*.
3. *Maya Akasha*, l'Illusion astrale, le Grand Serpent.
4. *Vach*, la Lumière ou le Verbe, qui exprime la Volonté cosmique.
5. *Yajna*, illusion, identification de l'Esprit avec Maya.
6. *Narayana*, esprit, équivalent de *Sat, Binah, Kriya*, le Saint-Esprit.
7. *Svayambuva*, la vie.

AUM VAJRAPANI HUM

VAJRAPANI

DE VAJRA

BIBLIOGRAPHIE

Les livres sacrés de l'Orient. Edition Migne.
Les philosophies de l'Inde, COLEBROOKE.
L'Evangile du Buddha, CARUS.
Littératures de l'Inde, Victor HENRY.
Brahmanisme, Buddhisme, DE MILLOUE.
Voyages au Thibet, en Chine, en Tartarie, R. P. HUC.
Récit de l'expédition anglaise à Lhassa.
Philosophie hindoue, Dr M. SCHULTZ.
(Catéchisme) Buddhisme, Colonel H. S. OLCOTT.
En glanant dans les champs du Buddha, LAFCADIO HEARN.
La Lumière vient de l'Orient, LAFCADIO HEARN.
Les idéaux de l'Orient, OKAKURA KAKUSO.
Doctrine secrète, H. P. B.
La Lumière d'Asie, Edwin ARNOLD.
Lettres des Maîtres de la Sagesse, C. JINARAJADASA.
Le Lotus de la Bonne Loi, E. BURNOUF.
Le Bouddha. Sa vie, Sa doctrine, Sa communauté.
   H. OLDENBERG.

TABLE DES MATIÈRES

L'Émancipatrice, Imp. coopérative, 3, rue de Pondichéry, Paris-15e. 6° 19-11-4.